ラオス料理を
知る、つくる

この本には、私たちが現地に滞在するなかで、それぞれが五感を駆使して味わい学んだラオス料理のレシピや食文化を詰め込みました。ラオスの食文化概説やコラム執筆においては、横山智氏、岡田綾氏、森卓氏、前川佐知氏にもご協力いただき、ラオスに精通する各氏の視点から多彩なテーマで語っていただいています。ラオスは、50以上の民族からなる多民族国家です。それぞれの民族や地域によって食文化も大きく異なり、そのすべてを網羅することはとても大変です。しかし、この本を通して、いまだ知られざるラオスの食文化の一端に触れ、少しでも、その奥深さに興味を寄せるきっかけにしていただけたら幸いです。

岡田尚也（YuLaLa）

小松聖児（小松亭タマサート）

目次

ラオスの基礎データ … P8

ラオスの食文化概説 … P9

ラオスの基本食材・調理道具 … P14

料理をつくる前に … P32

たたき和え・ディップ

1　チェーオ・マークペット　トウガラシのたたき和え … P36

2　チェーオ・マーククア　ナスのたたき和え … P36

3　チェーオ・マークレン　トマトのたたき和え … P36

4　チェーオ・ノーマイソム　発酵タケノコのたたき和え … P36

5　チェーオ・ヘット　キノコのたたき和え … P36

6　チェーオ・パー　魚のたたき和え … P36

7　チェーオ・パーデーク　パーデークのたたき和え … P42

8　チェーオ・タカテーン　焼きイナゴのたたき和え … P42

9　チェーオ・メンダー　焼きタガメのたたき和え … P43

10　チェーオ・プー　焼き淡水ガニのたたき和え … P43

11　ポン・パー・サイ・マーククア　魚とナスのディップ … P46

和え物・サラダ

12　ラープ・ペット　アヒルの香草和え … P48

13　ラープ・クアンナイ・グア　牛の内臓の香草和え … P52

14　ラープ・パー　魚のたたき … P54

15　コーイ・パー　魚の湯引きの香草和え … P56

16　サー・ガイ　鶏肉の香草和え … P58

17　サー・マーククア　薄切りナスの香草和え … P60

18　スゥプ・パク　野菜と香草のゴマ和え … P62

19　タム・マークフン　パパイヤサラダ … P64

20　タム・カオプン　乳酸発酵米麺の辛味和え … P66

煮物・スープ

21 トム・チェオ・パー　魚の香草煮 … P68

22 トム・ケム・パー　揚げ魚の甘辛煮 … P70

23 トム・ソム・ペット　アヒルの酸味スープ … P72

24 オ・ラーム・サイ・シーングア　牛肉とナスのとろみ煮 … P74

25 オ・パーデーク・サイ・シーンムー　豚肉のパーデーク煮 … P76

26 スア・ガイ　鶏肉の香草煮 … P78

27 ゲーン・マークマラ　ニガウリのスープ … P80

28 ゲーン・ノーマイ　タケノコのスープ … P82

29 ゲーン・ノーマイソム・サイ・ティンムー　豚足と発酵タケノコのスープ … P86

30 ゲーン・クアンナイ・グア　牛の内臓のスープ … P88

31 オップ・イヤン　タウナギの甘辛煮 … P90

蒸し物

32 パー・ヌン・マークナーオ　魚のライム蒸し … P92

33 モック・パー　魚のバナナの葉包み蒸し … P94

34 モック・パー（卵液入り）　魚のバナナ葉包み蒸し（卵液入り） … P96

35 モック・サモン・ムー　豚の脳みそのバナナ葉包み蒸し … P98

36 モック・ノーマイ　タケノコのバナナの葉包み蒸し … P100

37 ウア・プー　淡水ガニの肉詰め … P102

38 ウア・フアシーカイ　レモングラスの肉詰め … P104

焼き物

39　ピン・ガイ　ラオス式焼き鳥 … P106

40　ピン・ペット　焼きアヒル … P110

41　ピン・ムーパー　焼きイノシシ … P112

42　パン・パー　焼き魚の生野菜巻きとタマリンドソース 香味野菜添え … P114

43　ピン・パー・ノーイ　焼き小魚 … P118

44　ピン・ウア・ゴップ　カエル肉のカエル詰め焼き … P120

45　ピン・ウア・パー　魚の香草詰め焼き … P122

46　シーングアン・ヘーン　鹿の干し肉 … P124

47　サイ・ウア　豚肉の腸詰 … P126

炒め物・揚げ物

48　クア・カイ・サイ・ソムパク　発酵青菜、豚肉、玉子の炒め物 … P128

49　クア・マークブアップ・サイ・ガイ　ヘチマと鶏肉の炒め物 … P130

50　トート・タカテーン　レモングラスとコブミカン風味のイナゴ揚げ … P132

麺料理

51　カオピヤック・セン　タピオカ粉と米粉の鶏スープ麺 … P134

52　カオソーイ　豚スープの肉みそ麺 … P138

53　カオプン・ナムカティ　ココナッツスープ和え麺 … P140

54　カオプン・ナムシーン　タケノコ入り牛肉和え麺 … P144

55　フー・グア　牛スープの細麺 … P146

菓子・デザート

56　ナム・ワーン　ココナッツぜんざい … P150

57　カオ・トム　バナナ入りちまき … P152

58　カオ・ラーム　もち米のココナッツミルク竹筒蒸し … P154

Column 1　ラオスの"タマサート"な食材について（小松聖児）… P158

Column 2　ラオス北部のレアな発酵食品（横山智）… P164

Column 3　主食がもち米であるということ（岡田尚也）… P168

Column 4　ラオスの飲み物と、料理との合わせ方（岡田綾）… P172

Column 5　ラオスにおける「祭りや儀式での食」と「日常の食」（森卓）… P176

Column 6　山に暮らす少数民族の食（前川佐知）… P182

Column 7　ラオス料理を日本でつくるときに意識していること
　　　　　（Vol.1 岡田尚也、Vol.2 小松聖児）… P190

あとがきに代えて「ラオス料理における近隣諸国からの影響と、ラオスの食の今」… P200

著者紹介 … P208

撮影／吉田祥平（amu photograph）
デザイン／熊谷元宏（knvv）
取材・執筆（P16～155、200～205）／石田哲大
ラオス語監修／Amith Phetsada
編集／和久綾花

ラオスの基礎データ

国名

ラオス人民民主共和国
(Lao People's Democratic Republic)

首都

ヴィエンチャン

面積

約 24 万平方km²

国土

インドシナ半島に位置するメコン地域諸国の一つで、東南アジアで唯一の内陸国。面積は日本の本州と同じくらいで、国土の多くが山岳地帯であり、首都ヴィエンチャン周辺とメコン川流域を中心に平地が広がっている。

人口

約 744 万人 (2021 年。JETRO のウェブサイトより)

民族

全人口の半数以上のラーオ族を含む計 50 民族以上 (正確な数は不明)

公用語

ラオス語

宗教

多くは仏教、ほかにアニミズム (精霊信仰) など

略史

1353 年にランサーン王国として統一。18 世紀初頭に王国内の内紛からヴィエンチャン、ルアンパバーン、チャンパーサックの 3 王国に分裂し、1779 年にシャム王国 (現在のタイ王国) の属国に。1899 年、フランスのインドシナ連邦に編入される。1949 年、仏連合の枠内で独立。1953 年、仏・ラオス条約により完全独立。その後内戦が繰り返されたが、1973 年に「ラオスにおける平和の回復及び民族和解に関する協定」が成立。インドシナ情勢急変に伴って、1975 年にラオス人民民主共和国が成立。

ラオスの食文化概説

—— 横山智（名古屋大学大学院環境学研究科）

　ラオス料理の基本は、米と魚である。米が主食で魚がおかずという単純な組み合わせのことではない。米は主食として食べるだけでなく、麺や菓子に加工するし、酒の原料にもなる。貴重なタンパク源の魚はおかずとなるだけでなく、発酵させてなれずしのソムパーやラオス料理に欠かすことのできない調味料パーデークに加工する。

　ラオスには50以上もの民族が住み、食文化は民族によって異なる。しかも、東南アジア大陸部の文化は、インドと中国の影響を受けており、さらにラオスの場合は隣国のタイやベトナムから、そして旧宗主国であったフランスからの影響も受けている。それでも、ラオス料理の基本が米と魚であることに変わりない。

＊＊＊＊＊

　モン族などの中国から移住してきた人たちはうるち米を主食とするが、ラオスの主要民族のラーオ族のようなタイ系民族のほとんどはもち米が主食である。もち米にしろ、うるち米にしろ、どの民族でも米をたくさん食べる。2021年の国連食糧農業機関（FAO）の統計では、1人当たりの年間の米消費量は約232kgで、バングラディシュとカンボジアに次ぐ世界3位である。日本人の平均が約74kgなので、ラオスの人々は我々の約3倍もの米を食べている計算になる。

　もち米は、水に浸した後、竹で編んだ甑で蒸して「おこわ」にし、それを手で握って、おかずにつけたり、おかずと一緒につまんだりして食べる。おかずの一品として欠かすことができないのが、野菜、トウガラシ、パーデークや魚醤のナムパー、そしてうま味調味料を素焼きのすり鉢とすりこぎでたたいて和えたディップソース、チェーオである。

　おかずは、魚、野草、木の芽、キノコ、タケノコ、昆虫、獣肉などの野生由来の食材を煮たり、焼いたり、蒸したりして、塩やパーデークで味をつける。そしてトウガラシなどの香辛料で辛味を、ハーブで香りをつける。農山村では、チェーオだけをおかずとして大量のもち米を食べることも多い。市場がある町では、牛や豚などの家畜の肉を買って食べるが、農山村ではそれらを入手する機会は限られる。ただし、鶏はたいていの家で飼っているので、来客時の振る舞い料理として出されることがある。したがって、農山村で食べられる肉類は森で捕れたリスやタケネズミといった小動物、野鳥、カエルなどが多い。村で

イノシシや鹿などの大型動物が捕れたときや宗教儀式で牛や豚などの家畜をと畜したときには、村人でその肉を分け合うのが一般的だ。

食事の際は、竹と藤でつくった食膳パーカオを数人で囲んで座って食べる。竹製のおひつのティップカオに入れたもち米、皿や椀に入れたおかずは分け合って食べ、個人ごとに取り分けない。もち米とおかずは手で食べるが、スープはスプーンで、うるち米を食べるときは箸やフォークなどを使う。そして、都市部であろうが農山村部であろうが、食事の最中に知り合いを見かけると、「キンカオ！」（一緒にご飯食べよう）と声をかけて食事に誘う。調査などで村に滞在し、食事の時間帯に村を歩いていると、何度も「キンカオ！」と声をかけられる。まだ食事をとってないときには、おじゃまして一緒に食べさせてもらうことも多い。突然人数が増えてもまったく嫌な顔をせずにもち米が入ったティップカオを出してくれる。もし、すでに食事を済ませてしまったときは、「スーン・セープ！」（おいしく召しあがって）と返答しよう。これは「もう食べたよ。ありがとう！」という意味になる。同じものを分け合ってともに食べる「共食」がラオスの食事文化なのだ。

＊＊＊＊＊

調理方法は、煮る、焼く（炙る）、蒸すが基本だ。チェーオのように食材をたたいて和える料理も多い。また、生食を好み、野菜や野草は生のままチェーオにつけて食べる。魚や牛肉も生食を好むが、感染症のリスクが高いため、近年は控えるようになっている。

料理の味付けには、魚の発酵調味料パーデークが使われる。パーデークは液体を使うことを目的につくられる魚醤とも違うし、魚肉を食べるためにつくられるなれずしとも違う。ちょうどその中間のような発酵食品である。ラオスの人たちは、発酵した魚肉を食べるだけではなく、魚からしみ出る汁ナムパーデークを加水沸騰させて調味料として使う。日本語で塩辛と訳されることもあるが、それはパーデークの使い方を正しく表してない。

パーデークは、ラオス中南部あたりのメコン中流域の平野部でつくられ始めたとされる。雨季に入って河川が氾濫し、氾濫原や水田に魚が遡上する4〜5月、また雨季が終わって魚が河川に戻る10〜11月に、村人たちは魚道に罠を仕掛けたり、沼地に網を入れたりして漁をする。一時期に大量に獲れた魚を保存するために、塩と米糠といっしょに甕で魚を漬け込んで発酵させたのがパーデークだ。

しかし、魚を発酵させた独特のにおいが嫌いという人も多く、近年ではタイで工業的に生産された魚醤のナムパーが普及している。ナムパーについて、ヴィエンチャンで何人かの年長者に聞き取りをしたところ、ラオスで普及し出したのは1970年代以降だとの答えが返ってきた。東南アジアでは、ベトナムのニョクマムを除き、いずれの国も魚醤の歴史は浅い。

山が多い北部では、平地の中南部と違って漁獲が少ないため、パーデークで

はなく大豆を発酵させた納豆のトゥアナオが調味料として使われている。北部のルアンナムター県でトゥアナオを調味料として使うタイヌアやタイルーなどの民族が、魚の発酵調味料のパーデークやナムパーを使うようになったのは、1990年代以降である。加えて、北部では魚ではなく淡水ガニを発酵させたナムプーという調味料も見られる。魚介や大豆などを発酵させることで、タンパク質が分解され、アミノ酸のうま味が増える。ラオスで「味の素」のようなうま味調味料が広く普及した背景には、ラオスの人々は昔からうま味成分を多く含んだ発酵調味料を使っており、うま味への嗜好が強かったからだと考えられる。

　うま味以外に、ラオスの人々は料理に辛味、酸味、苦味、渋味を求める。辛味はトウガラシ、コショウ、赤山椒、酸味はツムギアリのギ酸。苦味は牛の胆汁、そして渋味はさまざまな野草など、各種の野生食材を使って、それらの味を醸し出す。日本人は、苦味や渋味のある食材を避けがちだが、ラオスには「コム・ペン・ヤー」（苦味は薬）という諺があり、食べ物だけでなく、酒にも苦味を出す木や草を入れて飲む文化がある。この苦い酒は、日本の養命酒のようなもので、滋養強壮の効果があるらしい。まさに、「良薬は口に苦し」である。

　加えて、ラオスの食で重要な要素が香りである。香りづけには、コリアンダー、レモングラス、ショウガ、ガランガル、コブミカンの葉などの香草、そして煎ったもち米のカオクアなどが使われる。カオクアは、こうばしい香りだけではなく、よい食感もつくり出し、伝統料理のラープには欠かせない。パーデークをつくるときに、よい香りを出すためにカオクアを混ぜる生産者もいる。また、チェーオにカメムシやタガメなどの強い香りを出す昆虫をすりつぶして入れたりもする。ラオスには昆虫食文化があるが、けっして食べ物が不足しているから食べるわけではない。市場で売られている昆虫の値段は、カメムシもツムギアリも、それほど安くない。人々は季節ごとに変化する自然から提供される食材の一つとして、昆虫を食べることを楽しんでいる。

＊＊＊＊＊

　米好きのラオス人は、米を餅にしたり、麺にしたり、また薄く伸ばしてライスペーパーにしたり、さまざまに加工する。日本と同じような餅は北部に住むモン族やアカ族、そしてタイヌア族などの中国から移住してきた民族に見られるハレの料理である。ラーオ族も五平餅のようにもち米を固めて火で炙って食べるのは珍しくない。うるち米を臼で挽いて、シトギにした後に加工するのが麺とライスペーパーである。乾燥させた切り麺のフー、タピオカ粉を混ぜたモチモチしたうどんのような食感のカオピヤック・セン、発酵させてからビーフンと同じように押し出して麺をつくるカオプン、平たく太い生麺にトゥアナオ、豚肉そぼろ、各種の香草を混ぜた肉味噌をのせたカオソーイなどの麺料理が見られる。かつてカオソーイはラオス北部限定の麺料理であったが、2000年代半ば以降は首都ヴィエンチャンでも提供する店が増えている。

フーはベトナムのフォー、カオピヤック・センはベトナムのバインカンや
タイのクイジャップユアン、そしてカオプンはタイのカノムチーンやベトナ
ムのブンと同じ麺料理で、ラオスのオリジナルではないかもしれない。トゥ
アナオを使ったカオソーイの麺自体は、東南アジアで一般的な平たい米粉麺
なので、納豆と豚肉の肉味噌をのせる点にラオスのオリジナル色がある。麺
料理の発祥は中国なので、伝播する過程で地域ごとに、さまざまなアレンジ
が加わって、ご当地麺料理になったと考えるのが妥当である。
　これらの麺料理のうち、家庭で食べる機会があるのはカオプンだけである。
冠婚葬祭などのハレの日に出されることが多い。カオプンの麺は市場から買っ
てきたもので、家庭でつくった汁をかけて食べる。かけ汁は、カレーのスパ
イスやココナッツミルクでつくった甘辛いかけ汁が使われることが多い。も
ともとはナムパーデークをかけ汁としていたと思われる。なぜなら、今でも
ナムパーデークをかけ汁としているカオプン屋がラオスや東北タイに見られ
るからである。カレーのスパイスやココナッツミルクの利用は、タイ経由で
入ってきた南インドに起源する食文化であろう。それ以外のフー、カオピヤッ
ク・セン、カオソーイは、店か屋台で外食する麺料理で、朝食や昼食として
よく食べられている。農山村ではめったに麺料理を食べないので、ラオスに
おける麺食も比較的歴史の浅い食文化だと考えられる。

＊＊＊＊＊

　ここまで、古くからの伝統的なラオスの食文化に加え、比較的歴史は浅い
が広くラオス料理に使われているナムパー、そしてすでにラオス料理になっ
たと言っても過言ではない各種の麺料理などを紹介してきた。最後に、現在
のラオスに根付いている国外から伝えられた食と調理法を取り上げて、どの
ような影響がラオスの食文化にもたらされたのかを説明し、ラオスの食文化
をまとめてみたい。
　ラオスでは、自国でほとんど生産されていない小麦を主原料とするパンが
普及している。原料の小麦はほぼ輸入品だ。パンには小麦粉だけではなく、
米粉も使われているが、その割合は生産者によってまちまちである。19 世紀
後半にフランスがベトナム、カンボジア、ラオスを植民地としたフランス領
インドシナの時代に、これら3ヵ国でパンがつくられるようになった。特に
バゲットのクオリティーは高く、3ヵ国には共通してバゲットに野菜やハー
ブ、肉、ハム、そしてパテをぬってはさんだサンドイッチを食べる食文化が
根付いている。ラオスのバゲットサンドであるカオチーパテは、都市部では
屋台で朝に売られており、地方でも市場で売られている。フランス植民地時
代に入ってきたパンもラオス食文化の一翼を担っていると言える。
　ラオスの食文化に大きな変革をもたらしたのが、中国から伝わってきた、
炒める、揚げるといった調理方法である。炒めたり、揚げたりする調理方法

は、鉄製の中華鍋と油の利用とともに広まった。中国から移住してきたモン族のような民族も古くから油を使って食材を炒めたり、揚げたりしていたが、少数民族の調理法がラオス全土に影響を与えることはなかった。しかし、第二次世界大戦後、ヴィエンチャン、サワンナケート、パクセーなどに多くの華人が台湾や中国本土から移住し、全国各地でさまざまな商業活動を行うと、華人の影響で油を使って炒めたり、揚げたりする調理方法が広がった。

炒め物や揚げ物に使う油は、最初は豚のラードであったが、1990年代以降は輸入された植物油に代わっていった。ラオスの食文化において、炒め物、揚げ物、油の利用は、食文化の転換点であった。現在でも農山村では油を使わずに調理をする人が多いが、都市部では油を使った料理が一般的である。ここで重要となるのが、炒め物や揚げ物のおかずは、もち米とは相性がよくないということだ。手で握って食べるもち米でそれらのおかずをつまんで食べると、手が油まみれになってしまう。したがって、油を使った炒め物や揚げ物のおかずが普及すると、必然的にうるち米の消費が進む。

ラオス料理は、米と魚を基本とし、それに野草や獣肉などの野生食材を用い、それらを煮たり、焼いたり、蒸したりして、パーデークで味付けをし、ハーブで香りをつけるのが特徴である。植民地化を経て、いろいろな国の影響を受けながら、炒めたり揚げたりする料理も普及し、ラオス料理は現在進行形で変化し続けている。しかし、けっして豪華ではないが、野生食材を活かして調理した「素朴な贅沢料理」を、家族や知人らと一つの器で分かち合いながら共食する食文化は、今も昔も変わらない。ぜひ、ラオスでもち米をつまんで、ラオスの人たちと一緒に食事を楽しんでもらいたい。やさしい気持ちになり、みんな自然と笑みがこぼれ出す。それがラオスの食文化である。

（横山氏のプロフィールは 167 頁に掲載）

ラオスの
基本食材・
調理道具

もち米とその加工品

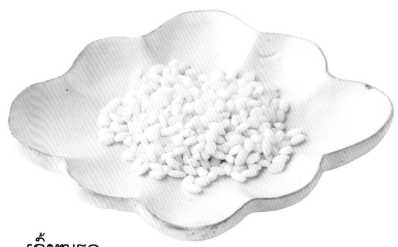

ເຂົ້າໜຽວ
カオニヤオ（もち米）

ラオスでももち米は主食とされるほか、加工して料理に加えたり、酒をつくったりするなど多彩な用途で用いられる。タイなどでよく目にする長粒米や、やや短く幅広い熱帯ジャポニカ種が存在し、現地には数百もの在来品種があって地域や家庭、人によってそれぞれ好みのもち米を選んで食べている。種類によって違いはあるが、一般的に手で握った際の粘り気が少なく、しかし噛むとねっとりとした口当たりで、ふくよかな味わいが特徴だ。水田で栽培する水稲「カオナー」と焼畑でつくられる陸稲「カオハイ」に大別され、後者の方が人気が高い。赤米、黒米、香り米なども売られている。フアットカオとモーヌン（28頁）を使って蒸し、ティップカオ（28頁）に盛って、指先でまるめておかず類につけて食べるのがラオス人の食事のスタイル。なお、地域や民族によっては長粒種のうるち米（カオチャーオ）も主食として食べられており、市場の米屋ではもち米とうるち米の両方が販売されている。都市部と田舎では、都市部の方がうるち米の率が高く（ただし過半数は超えない）、田舎に行くほどもち米ばかりになる。

もち米の蒸し方
❶もち米450gをといで2時間以上浸水させる（A・B）。
❷引火を予防するためにフアットカオを水でぬらしてから①のもち米を入れ、モーヌンに水を入れる（C）。水量は、フアットカオをのせたときに、その先端が水に浸らない程度。
❸フアットカオをモーヌンの上にのせて（D）、ふたを被せる。
❹③を強火にかけ、10分程度蒸す（E）。
❺ふたを取って持ち上げ、大きく揺すってなかのもち米の天地を返す（F）。
❻⑤を再度強火にかけ、5分程度蒸す（G）。
❼蒸し上がったもち米をザルにあけて、シャリ切りするように底からもち米の上下を返して冷ます（H〜J）。表面が乾きすぎないタイミングを見極めて、ざっくりまるめて表面積を小さくして適宜ティップカオに盛って食卓に運ぶ。

ເຂົ້າເປຍ
カオブア (もち米ペースト)

生のもち米を浸水させてペースト状にしたもの。水溶き片栗粉のように、スープにとろみをつけるときに使う。もち米のやさしい甘味と旨味が料理に加わるのもカオブアの特性。

つくり方

❶もち米をとぎ、2時間以上浸水させる。
❷①をすり鉢に入れてすりこぎですりつぶす。
❸②に水を加え混ぜる。

ເຂົ້າຂົ້ວ
カオクア (煎りもち米)

もち米を煎ってから粉末状にしたもので、特にラープ (49頁) の仕上げには欠かせない。料理にこうばしさを加え、味わいに奥行きを出せるので、スープや煮込みにもよく使われる。風味がとびやすいので、使用する直前に煎るのが望ましい。

つくり方

❶もち米をフライパンで乾煎りする。
❷①をすり鉢に入れ、すりこぎで粉末状になるまでたたく。

ເຂົ້າໂຄບ
カオコープ (揚げもち米)

蒸したもち米を円盤状に成形し、干してかちかちになるまで乾燥させてから揚げたもの。砂糖を焦がしたカラメルをかけて菓子として食べるほか、砕いて麺料理やスープに入れて食べることもある。ラオスの麺専門店にはカオコープが吊るされていて、お客が自由に取って料理に加える風景が見られる。

つくり方
❶蒸したもち米を直径8㎝程度の薄い円盤状に成形し、天日干しにする。
❷①を油でじっくりと揚げる。

column
緑色のもち米、カオマオ

カオマオは本来の収穫期よりも少し前に収穫された、まだ完熟していない緑色のもち米のこと。新米の少し前の時期だけにしか出まわらない希少な旬の食べ物で、そのまま蒸したり、ココナッツウォーターでゆでたりした後で、軽く干したものを噛み締めて、そのほのかな甘味を楽しむ。

基本調味料

ປາແດກ
パーデーク

ラオス料理のもっとも基本的な「だし素材」であり、調味料でもある。淡水魚に塩と米糠を加えて発酵させたもので、市場ではいろいろな種類の魚でつくられたパーデークが売られている。見た目は茶色く濁りどろっとしたテクスチャーで、魚の自己消化によって生じるアミノ酸のうま味、米糠を加えることで起きる乳酸菌発酵の風味、強い塩味などが混ざり合った独特な風味が特徴。煮だしてだしをとったり、さらにそれを調味したりして料理に使うが、溶けかかった魚自体を料理に加える場合もある。日本では手に入らないので、以下に簡単に自家製法を記す。

つくり方
❶ワカサギなどの小型の魚を塩と混ぜ合わせ、ガラス瓶などの密閉容器に入れて1ヵ月塩漬けにする。
❷米糠を軽く煎ってから①と混ぜ合わせ、再び密閉容器に入れて冷暗所で2年ほど熟成させる。
＊魚：塩：米糠の割合は、7：2：1（重量比）とする
＊できるだけ空気が入らないジャストサイズの密閉容器に入れ、糠漬け後、最初の1年はふたを開けない（ガラス瓶にするとなかの様子を確認できる）

ນ້ຳປາ
ナムパー

魚を塩漬けにして発酵させたラオスの魚醤。塩気が強いので塩の代わりに、あるいは塩と一緒にさまざまな料理の調味に使われる。タイのナンプラーに近く、代用可能。ラオスではパーデークの上澄み（ナムパーデーク）をナムパーとして使用することもある。

ກະປິ
カピ

海産のアミエビを塩漬けにして発酵させたペースト状の調味料。魚介由来の強烈な発酵臭を持ち、塩気も強いので、少量入れるだけで、料理の味わいが大きく変化する。チェーオ（36頁）や魚介系の料理などに使用する。アジア食材店などで入手可能。

ນ້ຳປູ
ナムプー

淡水ガニでつくった魚醤。カピより
も味が強く、少量を加えるだけで風
味に奥行きが生まれる。日本でも
タイ製のものが手に入ることがある
が、以下に簡単に自家製法を記す。

つくり方
❶活き淡水ガニを生のまま砕いて漉し、汁を取り出す。その際に細かくきざんだレモング
ラスの青葉部分や、グァバの葉をともにたたく。殻は少量の水で洗って漉し、2番汁を取る。
❷①の汁に塩適量を加えて容器に移し、軽くふたをして1日おく。
❸香りが出た②の液体を加熱し、汁気がなくなるまで煮詰める。ペースト状になったも
のを保存容器に詰めて熟成させる。

ຖົ່ວເນົ່າ
トゥアナオ

ラオス北部でつくられる"納豆"。大豆などの豆を加熱し
てから納豆菌で発酵させたもの。ペースト状にして塩やト
ウガラシを加え混ぜた味噌のような状態のものが一般的。
輸送用やお土産用として円盤状に成形して、乾燥させた
ものもある。風味は日本の納豆と味噌の中間のよう。だ
し素材として使われたり、そのまま食べたりする。アジア
食材店などで、タイ製やミャンマー製のものが入手可能。

ເກືອ ຊິ່ງ
岩塩

ラオスには海がないが、かつては浅い海だったことで塩分を
含む地層があり、雨季と乾季の水分量の変化によって塩分を
含んだ泥が自然に地表に出てくる場所がいくつかある。その
塩分を含んだ泥から製塩する塩のこと(ラオス語の「グア・キー
ディン」を直訳すると泥塩となる)。塩辛さは控えめで、ほの
かな甘味とコクがあり料理全般に用いられる。この塩がとれ
ることによって、ラオスは発酵食文化がさかんになったと考え
られ、特にパーデークづくりには欠かせない。なお、写真の
商品は岩塩にヨウ素が添加されたグア・アイオーディン。以
前ラオスではヨウ素欠乏症が問題視されていたため、ヨウ素
を添加した岩塩が一般的に使われるようになった。

香草・香辛料・その他

ຜັກບົ່ວ
①パクブア（ワケギ）

ラオスで使われるネギは日本のワケギのような細いものが主流。炙ってからトウガラシなどと一緒にたたき和えてチェーオにするほか、煮込み料理に加えたり、麺料理の薬味としたりと、さまざまな場面で使われる。

ຫົວສີໄຄ
②フアシーカイ（レモングラス）

レモンに似たおだやかな香りがあり、合わせる食材を選ばずに使える。用途はさまざまで、茎の部分をななめ切りにして煮込み料理に入れる、きざんでからトウガラシなどとたたき和えて味と香りのベースにする、など。縦にさいて詰め物をしたウア・フアシーカイ（104 頁）はルアンパバーンの名物料理。

ຜັກຫອມລາບ
③パクホームラープ（スペアミント）

清涼感あふれる香りを持つシソ科ハッカ属のハーブでセイヨウハッカの一種。代表的なラオス料理であるラープには欠かせない。ちぎって和え物に用いるほか、ほかの葉野菜やハーブと一緒に麺料理の付け合わせとしても使われる。

ໃບບົວລະພາ
④ バイブアラパー (メボウキ)

シソ科のハーブでスイートバジルの仲間。日本ではワイルドバジル、アニスバジルと呼ばれるものに相当すると思われる。香りが強い炒め物などに使われることが多く、麺類の付け合わせにも重宝されるハーブ。

ໃບອິ່ຕູ່
⑤ バイイトゥー (ヒメボウキ)

シソ科のハーブで、バジルの仲間。レモンを思わせるシトラス系の香りを持ち、オ・ラーム (74頁) やゲーン・ノーマイ (82頁) といった煮込み系の料理と相性がいい。特に北部料理でレモングラスやディルと組み合わせてよく使われる。

ຜັກຫອມປ້ອມ
⑥ パクホームポーム (コリアンダー)

東南アジアや中国といった広範囲で見られるセリ科の植物で、日本ではパクチーという名でおなじみ。独特のクセのある香りが特徴で、葉と茎はタレや和え物、炒め物、麺料理といった幅広い用途で使用される。根はだしをとる際によく用いられる。

ຜັກຊີ
⑦ パクシー (ディル)

さわやかな香りとほろ苦さが魚介と相性がよく、西洋料理でも使われるセリ科のハーブ。バナナの葉を使った魚の包み蒸し、モック・パー (94頁) には必須。ラオス料理では魚料理だけでなく、サイ・ウア (126頁) といった肉料理にも多く用いられる。

ຜັກແພວ
⑧ パクペーオ (タデの一種)

東南アジアのなかでも特にベトナムで好まれることから、ベトナムコリアンダーと呼ばれる (本書のレシピではそう表記する)、タデ科のハーブ。ドクダミのようなタデ科特有の強い香りと苦味があるので、ほかのハーブ類と組み合わせてスア・ガイ (78頁) のような煮物、麺料理やスープの薬味として使われる。

ຜັກຂະແຍງ
⑨ パクカニェーン (シソクサ)

オオバコ科シソクサ属の一種。タケノコを使ったラオス料理定番のゲーン・ノーマイには必ず使用される。その名の通りシソを思わせる香りが特徴で、熱を加えると甘やかなニュアンスが加わる。バナナの葉を使った包み蒸しであるモックなどに使う場合もある。

ຜັກຫອມເປ
⑩ パクホームペー (オオバコエンドロ)

ノコギリコリアンダーとも言う (本書のレシピではそう表記する)、セリ科のハーブ。コリアンダーよりもさらに強烈で、青っぽい個性的な香りを持つ。煮込んだ魚とナスのディップ、ポン・パー・サイ・マーククア (46頁) には、このハーブの風味が必要不可欠とされる。

ໃບຂີ້ຫູດ
⑪ バイキーフート (コブミカン)

東南アジアで広く用いられるミカン科の植物。スープやだしに葉を加えると、さわやかな柑橘の香りを移すことができる。葉が硬いので、料理の具材として用いる場合は細かくきざんでほかの材料と一緒にすりこぎなどでたたくか、素揚げする必要がある。

ໝາກເຜັດ ແດງ / ຂຽວ
マークペット デーン・キヤオ
(赤・青トウガラシ)

ラオスでよく使われるトウガラシは、長さ3〜4cmの小ぶりのもの。ほとんどの料理で、すりこぎでたたいたり、きざんだりするなどなんらかの形で使用される。青はさわやかで、突き抜けるような辛さ。赤は後を引くような辛味がある。入れる量はラオスでも人それぞれ。

ຫົວຜັກບົ່ວແດງ / ຫົວບົ່ວແດງ / ຫອມແດງ
フアパクブアデーン / フアブアデーン / ホームデーン (アカワケギ)

ユリ科ネギ属の香味野菜で、エシャロットの仲間。直径2〜3cm程度。タマネギよりも強い甘味と風味があり、ローストすることでさらにその持ち味が引き立つ。すりこぎでたたいて味のベースにするほか、きざんで和え物などにも用いる、ラオス料理にはなくてはならない存在。日本で売られている紫(赤)タマネギとは別物。

ຂ່າ
カー (ガランガル)

ショウガの一種だが、ショウガよりも辛く、スパイシーで爽快な香りを持つ。ラオス料理ではニンニクやショウガ、トウガラシと一緒に、料理の味と香りのベースとして使用する。

ຂິງ
キーン (ショウガ)

ニンニクやガランガルと同様に多用される。きざんでからトウガラシなどとたたいてペーストにし、料理の味のベースとするほか、中国やタイ、ベトナム料理系の炒め物にも使われる。各種のだしをとる際に主素材とともに加熱され、におい消しの役割を担うことも。

ຜັກທຽມ / ກະທຽມ
パクティヤム / ガティヤム (ニンニク)

チェーオや和え物の味のベースとしてよく使われる。チェーオには皮つきで焼いてから皮をむき、トウガラシやアカワケギと一緒にすりこぎでつぶして使う。ベトナムやタイの影響を受けた炒め物にも用いられる。

ໝາກນາວ
マークナーオ (ライム)

酸味を好むラオス人にとって欠かせない存在。たいていは搾った果汁を料理の仕上げに加える。代表的なラオス料理であるラープのほか、和え物やサラダ系の料理、付け合わせのタレなどには欠かせない。魚と一緒に蒸したり、麺料理に添えたりすることもある。スダチほどの大きさ。

ໝາກຂາມ ປຽກ
マークカーム・ピヤック
（タマリンド）

アジア地域で食用されるマメ科の植物。ラオスでは果肉を水に浸して味と香りを移した「タマリンド水」を料理に使う。煮物やスープによく用いられ、独特の酸味が加わってさっぱりした後味になる。

ໝາກແຄ່ນ
マークケーン
（赤山椒）

中国で多用される赤山椒（花椒）の一種で、柑橘の香りが強い。使用頻度はそれほど高くないが、中国料理系の炒め物に用いるほか、ラオス北部ではつくり手の好みによってチェーオに使われることもある。

ພິກໄທ
ピックタイ
（コショウ）

ピックタイはタイのトウガラシという意味であることから、コショウは、もともとラオスではそれほど使われていなかった香辛料と考えられる。ベトナム料理や中国料理の影響などもあり、炒め物やスープに加えることもある。

ໃບກ້ວຍ / ໃບຕອງ
バイクワイ / バイトーン
（バナナの葉）

ラオスを含めた東南アジアや南アジアで幅広く使われる。ラオスではバナナの葉で具材を包んで蒸したモックが代表的な料理。ほかにもココナッツミルクで煮たもち米を包んだ蒸し菓子カオ・トム（152頁）などがある。また皿や包み紙代わりにもよく使われ、生活に欠かせない。

ໝາກປີ
マークピー
（バナナの花）

ラオスでは自生もしているバナナは、花（つぼみ）も食用にされる。際立った味の特徴はないが、しゃくしゃくと歯ごたえがいいので、薄切りにしてサラダや和え物、料理の付け合わせに用いられることが多い。アクが強く黒変しやすいのでカットしたらすぐライム果汁を入れた水にさらす。

ສະຄ່ານ
サーカーン

ペッパーウッドとも呼ばれるコショウ科の植物。木や枝を親指大に切ってだしやスープに入れて風味を移す。サーカーン自体は硬いので食べられない。コショウに似たスパイシーな香りがあり、オ・ラームに使われることで有名。新鮮な生木より風味は落ちるが、ヴィエンチャンやルアンパバーンの乾物屋でカットして乾燥させたものが手に入る。

ໃບຍານາງ
バイヤーナーン

ツヅラフジ科の植物で、葉を水の中で揉んで緑色の「ヤーナーン汁」をつくり、料理に使用する。濃い緑色が身上のスープ、ゲーン・ノーマイにはこのヤーナーン汁が欠かせない。ヤーナーン自体は日本では手に入らないが、ヤーナーン汁の缶詰は販売されている。

発酵食品

ສົ້ມໝູ
ソムムー（発酵豚肉）

豚の肉、皮、耳などと蒸したもち米、塩、トウガラシなどを合わせてバナナの葉で包み、乳酸発酵させたもの。現地ではそのままもしくは焼いて食べるほか、和え物の具材にすることもある。日本ではアジア食材屋などで手に入るタイ産のネームで代用できるが、「Yulala」での自家製法（バナナの葉の代わりにラップ紙を使用）を右に記す。

つくり方

❶豚の挽肉300ｇ、豚の皮（2回ゆでこぼしてから薄切りにしたもの）100ｇ、蒸したもち米150ｇ、きざんだニンニク40ｇ、塩15ｇ、キビ砂糖5ｇをボウルに入れる。

❷①に豚の皮のゆで汁を少量加え、もち米がダマにならないようほぐしながらしっかりと混ぜ合わせる。

❸②を三つに分け（一つ約200ｇ）ラップ紙に生の赤・青トウガラシと一緒にのせて空気が入らないようしっかりと包む。

❹それぞれ真空パックにして40℃で約6時間発酵させる。

❺冷ましてから12〜13℃の場所に約1週間置く。水分が表面ににじんできたら冷蔵庫で保管する。

ສົ້ມປາ
ソムパー（発酵魚）

日本のなれずしに近いもので、淡水魚に塩ともち米をまぶしてつくる。そのまま焼いたり、揚げたりして食べるほか、炒め物に入れたりすることもある。写真のように魚の形のまま発酵させたもののほか、トウガラシやニンニクと一緒にすり身のようにしてバナナの葉に包んで発酵させたものも同様にソムパーと呼ばれる。

つくり方

❶淡水魚1kgの鱗や内臓を取り除き、塩（魚の重量の5％）をまぶして1日おく。

❷たたきつぶしたニンニク丸ごと1個分、蒸してから水に浸してふやかしザルで水をきったもち米（乾燥時で150ｇ）を①にまぶす。

❸②を密閉容器に入れ、20〜30℃の場所に3日程度置く。

ສົ້ມຜັກ
ソムパク（発酵青菜）

青菜をトウガラシや米のとぎ汁、塩と一緒に常温
に置いて乳酸発酵させたもの。現地ではアブラナ
科の野菜などでつくる。酸味と塩気があり、この
ままおかずとして食べるほか、炒め物などにも使
える万能な常備菜。

つくり方

❶適宜に切った青菜（今回は味美菜_{あじみな}を使
用）に塩を揉み込み、一晩おく。
❷①の青菜を水で洗い、絞って水気をきる。
❸ボウルに適量の②、薄切りにしたニンニ
ク、トウガラシ、米のとぎ汁、塩（とぎ汁
に対して2〜4％）を合わせる。
❹③を密閉容器に移し、20〜30℃の場
所に2〜3日（温度が低い場合は4〜7日）
置く。乳酸発酵特有の香りが立ち、酸味
を感じたら冷蔵庫で保管する。

ໜໍ່ໄມ້ສົ້ມ / ໜໍ່ສົ້ມ
ノーマイソム / ノーソム（発酵タケノコ）

薄切りにしたタケノコをトウガラシ、米のとぎ汁な
どとともに発酵させたもの。乳酸発酵によるまろ
やかな酸味が感じられる。スープの具材やチェー
オの材料などにする。

つくり方

❶生のタケノコの皮をむいて先端は縦切
り、根元は2〜3㎜の輪切りにする。1％
の塩水に一晩浸けてアク抜きする。
❷①のタケノコをザルに上げて流水で洗
い、よく水をきる。豚の皮（2回ゆでこ
ぼしてから脂の層をそいで薄切りにした
もの）、ニンニク、トウガラシ、米のとぎ
汁各適量と塩（とぎ汁に対して1％）を
密閉容器に入れて、20〜30℃の場所
に2〜3日（温度が低い場合は4〜7日）
置く。乳酸発酵特有の香りが立ち、酸
味を感じたら冷蔵庫で保管する。

調理道具

ທວດເຂົ້າ / ໝໍ້ນຶ່ງ
フアットカオとモーヌン (蒸し器)

ラオスの家庭には必ずあると言っていい竹製の蒸し器。モーヌン（下の鍋）に水を張り、浸水したもち米や蒸し物をフアットカオ（上部のかご）に入れてモーヌンの上にのせ、ふたをして火にかける。モーヌンに張った水の水蒸気によって素材が蒸される仕組み。下の形が一般的だが、北部では右のような形（ムアイカオ）も見られる。

ຕິບເຂົ້າ
ティップカオ (おひつ)

蒸したもち米を入れる、竹で編んだおひつ。かごをつくるとき、つくりたい大きさの倍の長さまで編んで折り返すことで2重構造にしており、さらにふたをすることでもち米の温かさや湿潤具合が保たれる仕組み。1人分の小さなものから、大家族用の大きなものまでサイズはさまざま。

ຄົກ / ສາກ
コックとサーク
(すり鉢とすりこぎ)

こちらもラオスの家庭では必需品のすり鉢とすりこぎ。素材は陶製が主流だがアルミ製や木製などいくつか種類がある。コックに食材を入れ、サークでたたきつぶす調理法「タム」は、ラオス料理の基本の調理法。タムをするときは硬くてつぶしにくい素材から順にコックに入れる。食材を完全につぶすときは力強くたたく、複数の食材の味をなじませたいときには力を加減し、すり混ぜながらたたくというように、同じタムでも料理や工程によって変化をつける。

ແນວຕອງ ປາແດກ
ネーオトーン・パーデーク
(パーデーク漉し器)

パーデークを漉す際に用いる竹製の道具。この形のほか、持ち手が両サイドについていて鍋にひっかけて使うものもある。溶けかかった魚の身を入れて味噌を溶くように湯に入れ、煮だしてだしにする（なお、湯にパーデークを直接入れて煮だしてから漉し網で漉すという方法もある）。

ພາເຂົ້າ
パーカオ (ちゃぶ台)

ラオスの家庭では竹製の小さなちゃぶ台の上に料理を並べ、家族そろって食事をとるのが一般的。だいたいティップカオに盛られたもち米と数種のチェーオが並び、ある場合は主菜、副菜などもこの上にのせられる。

ラオスの
定番料理

料理をつくる前に

- 料理で使う魚は、食べられる淡水魚であればなんでも構いません。現地では、獲れた淡水魚を魚種にかかわらずなんでも使う文化があるからです。
- シーイウ・カーオはラオスで使われるタイ産の醤油です。日本でも入手できますが、日本の薄口醤油でも代用可能です。
- シーイウ・ダムはラオスで使われるタイ産の甘味のある醤油です。日本でも入手可能です。
- 現地では実際にはうま味調味料を用いることが多いですが、この本ではうま味調味料が普及する前のレシピを想定し、使用していません。
- 使用しているラオスの食材や調味料は、16 〜 29 頁を参考にしてください。そのほか、頻出するだしや調味料のつくり方、説明が必要な調理手順などは以下に掲載します。

パーデークのだし

パーデークを約5倍量の水に漉し入れて（A 〜 C）、10 分煮だす。

パーデークのタレ（YuLaLa）

パーデークを約2倍量の水で 10 分ほど煮てから漉し、ナムプー、ナムパー、カピ、ヤシ砂糖を加え、米粉でとろみをつける。

パーデークのタレ（小松亭タマサート）

パーデークを等量の水で 10 分ほど煮てから漉し、塩とナムパーで調味する。

パーデーク水

パーデークのタレに等量の湯を加えて薄めて、冷ます。

豚のスープ

❶鍋に水1.5ℓを入れ、塩、適宜に切ったニンニク、ショウガ、ネギの青い部分、根菜（ダイコン、ニンジンなど好みのもの）、コリアンダーの根をそれぞれ適量と、豚の肩ロース肉（ほかの部位でも可）500gを入れて3時間程度煮る。
❷①を漉す（完成は約1ℓ）。

鶏のスープ

❶鍋に水1.5ℓを入れ、適宜に切ったニンニク、ショウガ、ネギの青い部分、根菜（ダイコン、ニンジンなど好みのもの）、コリアンダーの根をそれぞれ適量入れて沸かす。
❷鶏の腿肉（骨つき）500gを加え、アクを引きながら弱火で1時間程度煮て、漉す（完成は約1ℓ）。

粗挽きトウガラシ

赤トウガラシを煎り、粗く挽く。

トウガラシの香味ペースト

❶ほぼ同量のニンニク（皮つき）とアカワケギ（皮つき）、好みの量の赤・青トウガラシを串に刺して炙る（A）。
❷全面に焦げ目がついたら、ニンニク、アカワケギの皮をむく（B）。
❸②をきざんですり鉢に入れ、すりこぎでたたき和える（C・D）。

タマリンド水

タマリンド 10g に水 100㎖を入れて 10 分程度おき、揉んで
風味を移してから漉す。

揚げニンニク

ニンニクをきざんで素揚げにする。

揚げタマネギ

アカワケギを薄切りにして素揚げにする。

キヤップ・ムー

適宜に切った豚の皮をゆでてから完全に乾燥させ、揚げる。

鶏油

適宜に切った鶏の皮をフライパンで焼き、油脂を集める。

モックの包み方 (写真：右頁)

❶バナナの葉を正方形にカットし、つるつるしている方が外側になるよう
に広げる。このとき、対角線上で折った際に、筋がある辺と筋がない辺が
重なるように 2 枚をセットする。
❷中央に具材をのせる (A)。
❸バナナの葉を対角線上で折り、重なった先端を手でつまんで押さえる(B)。
❹口が開いているバナナの葉の端を持ち上げながら折りたたみ、一緒に手
で押さえる (C ～ E)。
❺もう一方の端も同様に折りたたみ、手で押さえる (F・G)。
❻重なった葉の先端をはさみで切る (H)。
❼葉の切れ端で頂点を包み、つまようじなどで縫うように留める (I・J)。

今回は葉の切れ端で頂点を包みましたが、大き
い葉で下から覆う(はさむ)ように留める方法も
あります。また、覆わないやり方もあります。

たたき和え・ディップ

チェーオはラオスの食卓に欠かせない、素材をたたき和えた料理。
材料をラオス式のすり鉢であるコックに入れて、
すりこぎのサークでつぶしながら和えてつくります。
この工程は「タム」といって、ラオス料理におけるもっとも基本的かつ、
重要な調理工程と言えるでしょう。
主素材には野菜やハーブ、キノコ、甲殻類、昆虫、魚などを
幅広く使いますが、トウガラシ、ニンニク、アカワケギは
あらゆるチェーオに入る必須の材料です。
つくり手によっては、ノコギリコリアンダーやガランガル、
マークケーン（赤山椒）などを加える場合もあります。
和食におけるお新香のように、
食卓には少なくとも1種類以上のチェーオがつくと思ってください。
このチェーオに手でまるめたカオニヤオ（もち米。蒸し方は16頁）を
つけて食べるのがラオスにおけるもっともシンプルな食事スタイルで、
そうした伝統的な食事文化が今も変わらずに残っていることが
ラオス料理の魅力の一つではないかと思います。

5
6
4
1
3
2

カオニヤオとチェーオ6種 ——YuLaLa

แจ่วหมากเผ็ด
1 チェーオ・マークペット
トウガラシのたたき和え

แจ่วหมากเขือ
2 チェーオ・マーククア
ナスのたたき和え

แจ่วหมากเลັ่น
3 チェーオ・マークレン
トマトのたたき和え

แจ่วหน่อไม้ส้ม
4 チェーオ・ノーマイソム
発酵タケノコのたたき和え

แจ่วเหັด
5 チェーオ・ヘット
キノコのたたき和え

แจ่วปา
6 チェーオ・パー
魚のたたき和え

1 チェーオ・マークペット　トウガラシのたたき和え

材料（2人分）

青トウガラシ … 5本
ニンニク … 2片
アカワケギ … 4個

A
| パーデークのタレ（32頁）
| ナムパー（20頁）
| ライム果汁
| 岩塩 … 各適量

ほかの料理の場合、基本的に辛さは好みで構いませんが、この一品に関しては青トウガラシの鮮烈な辛味を味わう料理です。青トウガラシを主素材として存分に使いましょう。どうしても辛い場合は、シシトウや甘長トウガラシで代用してください。

パーデークのタレとナムパーは好みで入れてください。入れると、旨味や塩気が増します。

つくり方

❶青トウガラシ、ニンニク、アカワケギを皮つきのまま焦げ目がつくまで直火で焼く。ニンニク、アカワケギの皮をむく。
❷すり鉢に①を入れ、すりこぎでたたき和える。
❸Aを加えて調味する。

数あるバリエーションのなかでも、もっともシンプル、かつ基本的なチェーオで、特にラオス北部で暮らすカム族の人たちにとってはソウルフードと言ってもいいものです。メインの素材はマークペット・キヤオ（青トウガラシ）。その鮮烈な辛味と、素材を焼いたことによるこうばしさや苦味をダイレクトに味わってほしいですね。カオニヤオにつけて口に放り込んだときは衝撃的な辛さを感じますが、赤トウガラシのように後を引かない辛味なので、ついつい手がのびて止められなくなってしまいます。

2 チェーオ・マーククア　ナスのたたき和え

材料（2人分）

ナス … 1本
トウガラシの香味ペースト（33頁）… 5g
コリアンダー … 5g
ワケギ … 5g
カオクア（18頁）… 適量

A
| パーデークのタレ（32頁）
| ナムパー（20頁）
| ライム果汁
| 岩塩 … 各適量

ラオスではさまざまな料理にマーククア（ナス）を使います。食卓に欠かせないチェーオも例外ではありません。ほかの定番素材と同じように、ナスも直火で皮ごと炙って焦げ目をつけます。こうすることで、ナス本来の繊細な風味とともに、焼きナスを彷彿とさせるこうばしい香りが楽しめます。つくりたてを食べるのがベストですが、一晩冷蔵庫でねかせると味がなじんでやさしい印象になり、また違った魅力を楽しめます。

つくり方

❶ナスを表面が焦げるまで直火で焼き、皮をむく。

❷すり鉢に適宜に切った①、トウガラシの香味
ペースト、軽く炙ったコリアンダーとワケギを入れ、
すりこぎでたたき和える。

❸カオクアを加え、Aで調味する。

コリアンダーは加える前に炙ると
格段に香りがよくなります。ワケ
ギはほろ苦さを加えるため焦がし
気味に炙るといいでしょう。

焼きナスのおだやかな風味を生かすために、
パーデークのタレとナムパーは控えめに。塩
とライム果汁で味をととのえるイメージです。

3	チェーオ・マークレン　トマトのたたき和え

材料（2人分）

トマトは水分が多い大きめのも
のより、果肉が締まった小ぶり
で硬めのものがおすすめです。

トマト … 2〜3個
トウガラシの香味ペースト（33頁）… 5g
コリアンダー … 5g
ワケギ … 5g
カオクア（18頁）… 適量
A ┌ パーデークのタレ（32頁）
　├ ナムパー（20頁）
　├ ライム果汁
　└ 岩塩 … 各適量

フレッシュなマークレン（トマト）を使っ
たチェーオです。トマトもやはりじっくりと
炙って焦げ目をつけます。トマトはもとも
と旨味の強い素材ですが、時間をかけて
炙ることで水分をとばして味を凝縮させ、
スモーキーさをプラスします。ラオスのトマ
トは日本のものより小さくて酸味が際立つ
印象です。そういったトマトを選んで調理
すると、より現地の味に近づくでしょう。

つくり方

❶トマトを表面が焦げるまで皮ごと直火で網
焼きにして、皮をむく。

❷すり鉢にトウガラシの香味ペースト、軽く
炙ったコリアンダーとワケギを入れ、すりこ
ぎでたたき和える。

❸②に①を入れ、すりこぎでたたき和える。

❹カオクアを加え、Aで調味する。

焦げた皮はある程度残して
おくと風味が増すので、適
宜調整してみてください。

39

4 チェーオ・ノーマイソム　発酵タケノコのたたき和え

材料（2人分）

トウガラシの香味ペースト（33頁）… 8 g
コリアンダー … 5 g
ワケギ … 5 g
発酵タケノコ（27頁）… 80 g
カオクア（18頁）… 適量

A │ パーデークのタレ（32頁）
　│ ナムパー（20頁）
　│ ライム果汁 … 各適量

発酵タケノコの酸味には辛味が
合うので、ほかのチェーオより
多めに入れるといいでしょう。

発酵タケノコに酸味があるのでラ
イム果汁は必須ではありません
が、数滴加えるとタケノコの酸味
がより際立つように思います。

つくり方

❶すり鉢にトウガラシの香味ペースト、
軽く炙ったコリアンダーとワケギを入
れ、すりこぎでたたき和える。
❷きざんだ発酵タケノコを加え、すりこ
ぎでたたき和える。
❸カオクアを加え、Aで調味する。

ラオス料理に欠かせないノーマイソム（発
酵タケノコ）もチェーオの材料になります。
ほかのチェーオとは違って焼かずにトウガ
ラシ入りの香味ペーストなどと合わせるの
で、タケノコが持つ乳酸発酵に由来する
独特の香りがストレートに感じられると思
います。トウガラシの辛味がとても合うの
でトウガラシの香味ペーストを多めに入れ
て仕上げると、カオニヤオのおかずにも、
お酒のおともにももってこいです。

5 チェーオ・ヘット　キノコのたたき和え

材料（2人分）

キノコ[※1]… 100 g
トウガラシの香味ペースト（33頁）… 5 g
コリアンダー … 5 g
ワケギ … 5 g
カオクア（18頁）… 適量

A │ パーデークのタレ（32頁）
　│ ナムパー（20頁）
　│ ライム果汁
　│ 岩塩 … 各適量

※1 今回はヒラタケを使用

つくり方

❶キノコを表面が少し焦げるまで直火で焼く。

❷すり鉢にきざんだ①、トウガラシの香味ペースト、軽く炙ったコリアンダーとワケギを入れ、すりこぎでたたき和える。

❸カオクアを加え、Aで調味する。

山がちのラオスでは一年を通じて多彩なキノコが採れ、市場にも並びます。それらもチェーオの格好の材料になるわけです。今回はシャキシャキとした食感が特徴のヒラタケを用いてつくりました。ラオスではそのときどきの旬のキノコを使いますが、なかでもヘットフアン（フクロタケ）はコリコリとした食感と強い旨味が特徴で、現地でとても人気があります。日本でつくるなら、ヘットフアンに食感が似ているマッシュルームや、香りのよいマイタケなどを使うのもおすすめですね。大好きなチェーオですが、手間のわりにでき上がりの量が少ないのだけが残念です。

6　チェーオ・パー　魚のたたき和え

材料（2人分）

淡水魚※1 … 100g
トウガラシの香味ペースト（33頁）… 5g
コリアンダー … 5g
ワケギ … 5g
カオクア（18頁）… 適量

A ┃ パーデークのタレ（32頁）
　┃ ナムパー（20頁）
　┃ ライム果汁
　┃ 岩塩 … 各適量

※1 今回はニゴイを使用

魚本来の風味が目立たなくなってしまうので、パーデークのタレとナムパーは控えめに。

つくり方

淡水魚は蒸して、あるいはゆでて加熱しても構いません。

❶淡水魚を三枚におろし、両面に塩をふって中心に火が入るまで直火で焼く。

❷①の身をほぐし、小骨を取り除く。

❸すり鉢にトウガラシの香味ペースト、軽く炙ったコリアンダーとワケギを入れ、すりこぎでたたき和える。

❹③に②を加え、すりこぎでたたき和える。

❺カオクアを加え、Aで調味する。

チェーオには野菜類だけでなく、パー（魚）を使うこともあります。今回は琵琶湖産のニゴイを使いました。ラオスではコイやナマズといった生の淡水魚だけでなく、干し魚を炙ってチェーオにしたりもします。小魚をこんがりと焼いて丸ごとたたき和えにしてもおいしいです。ガランガルやディルをアクセントとして入れるのもいいですね。日本で手に入る魚では、ワカサギでつくるのがおすすめです。

41

パーデークはだしや調味料として用いるほかに、
料理の主材料にもなります。
パーデークの液体部分ではなく、
発酵して溶けかかった魚そのものを赤トウガラシや
香味野菜と一緒にたたいてチェーオにします。
パーデークの自己消化によるアミノ酸のうま味、
発酵による香気とほのかな酸味、
米糠由来の味噌のような風味が、カオニヤオや
ラオスの米焼酎ラオカオをすすませる一品です。
パーデークの魚を使った料理としては、
そのまま焼いたピン・パーデークなどもありますね。

ແຈ່ວປາແດກ
7 チェーオ・パーデーク —— 小松亭タマサート
パーデークのたたき和え

天然のイナゴなどのバッタ類（タカテーン）を
使ったチェーオです。たたきつぶしているので
原形を留めていませんが、こうばしい風味で
カオニヤオのおかずとして最適です。
ナムパーなどの魚醤を加えてもいのですが、
今回はイナゴの風味がストレートに
感じられるように塩だけで調味しました。
主素材はどんな昆虫でも構いません。
コオロギでつくるとコクがあっておいしいし、
セミの幼虫や成虫でつくることもあります。
ラオスの農村の豊かさが感じられる素朴な一品に
ぜひ挑戦してみてください。

ແຈ່ວຕັກກະແຕບ
8 チェーオ・タカテーン —— 小松亭タマサート
焼きイナゴのたたき和え

メンダー（タガメ）はラオスで
もっとも香り高い食材の一つとされる高級品。
とくにオスのフェロモンに由来する独特の芳香は、
青リンゴやラフランスにもたとえられます。
ラオスは自然が豊かで
天然もののメンダーの比率が高いですが、
近年は養殖も盛んに行われています。
チェーオにする以外には、
ナムパーに香りを移すために使われますね。
また、タガメと同じ半翅目のラオスのカメムシ、
メンケーンは、コリアンダーと青リンゴを
足したような香りで、こちらも人気です。
成虫は500円玉ほどの大きさがあるので、
串焼きにして食べられることもあります。

ແຈ່ວແມງດາ
9 チェーオ・メンダー —— 小松亭タマサート
焼きタガメのたたき和え

ラオスの農村では、
河川や水田に棲むカニを料理によく使います。
ラオスの淡水ガニは大きく、
背甲の幅が10cm以上になる種も生息しています。
今回は自分で獲ったモクズガニを使いましたが、
より小さなサワガニを使ってもいいでしょう。
カニはしっかり焼き、ここでは副素材と
たたき合わせてチェーオにしました。
殻のこうばしさ、身の旨味、
味噌の苦味と奥深い味わいが、
ハーブや香味野菜とともに混然一体となった
贅沢なチェーオです。

ແຈ່ວປູ
10 チェーオ・プー —— 小松亭タマサート
焼き淡水ガニのたたき和え

7 チェーオ・パーデーク パーデークのたたき和え

材料 (つくりやすい分量)

A
- 赤トウガラシ … 5〜6本
- ニンニク … 3〜4片
- ガランガル (厚さ3mmの薄切り) … 4〜5枚
- アカワケギ … 4〜5個
- ワケギの根元 … 3〜4本分

パーデーク (20頁) … 80g　　骨が弱い小魚のパーデーク
赤トウガラシ … 1〜2本　　か、大型魚のパーデークから
　　　　　　　　　　　　　　骨を取り除いて使用します。

つくり方

❶直火でAを焼き、表面に焦げ目をつける。　　焼いた赤トウガラシと、生のままのニンニクとガランガルでつくることもあります。

❷すり鉢に①を入れ、すりこぎでたたきつぶす。

❸パーデークを加え、すりこぎでたたいてペースト状にする。

❹きざんだ赤トウガラシを加え、混ぜ合わせる。　　きざんだワケギとコリアンダーを加えてもおいしいです。

8 チェーオ・タカテーン 焼きイナゴのたたき和え

材料 (4〜5人分)

今回は前日にイナゴなどのバッタ類を捕まえてフレッシュな状態で調理しました。冷凍ものも販売されていますが、こちらのほうが断然おいしいです。

イナゴなど … 20匹

A
- 赤トウガラシ … 2〜3本
- ニンニク … 2片
- アカワケギ … 3〜4個
- ガランガル (厚さ3mmの薄切り) … 3〜4枚
- ワケギの根元 … 3本分

ワケギ … 1/2本
コリアンダー … 1本
岩塩 … 適量

つくり方

❶下処理したイナゴ (132頁のチューン・タカテーン参照) を串に刺し、直火で焼いて焦げ目をつける。羽と足をむしる。

❷直火でAを焼いて焦げ目をつける。ニンニク、アカワケギの皮をむく。

❸すり鉢に②を入れ、すりこぎでたたいてペースト状にする。

❹③に①を加え、たたき和える。

❺きざんだワケギとコリアンダーを加え、すりこぎで軽くたたきながら混ぜ合わせる。岩塩で調味する。

9 チェーオ・メンダー　焼きタガメのたたき和え

材料 (つくりやすい分量)

タイワンタガメ … 5匹

A
- ニンニク … 4〜5片
- アカワケギ … 4〜5個
- 赤トウガラシ … 5本
- ガランガル (厚さ3mmの薄切り) … 3〜4枚

ワケギ … 適量
コリアンダー … 適量
岩塩 … 適量

タガメはフレッシュなオスの個体を使うのがベストですが、日本ではタイ産の塩漬けになったものが手に入りやすいです。なお、日本産の「タガメ」(標準和名)は数が激減しているのでけっして使わないでください。

つくり方

❶直火でタガメとAを焼いて焦げ目をつける。アカワケギ、ニンニクの皮をむく。
❷①のタガメの頭、前足の先端の尖った部分、羽を取り除く。非常に硬い外骨格ははさみで口に当たらない大きさにきざむ。
❸すり鉢に①を入れ、すりこぎでたたいてペースト状にする。
❹③に②を加え、すりこぎでたたき和える。
❺きざんだワケギとコリアンダーを加え、すりこぎで軽くたたきながら混ぜ合わせる。岩塩で調味する。

10 チェーオ・プー　焼き淡水ガニのたたき和え

材料 (つくりやすい分量)

モクズガニ … 2〜3杯

A
- 赤トウガラシ … 5本
- ニンニク … 3〜4片
- アカワケギ … 5〜6個
- ガランガル (厚さ3mmの薄切り) … 4〜5枚
- ワケギの根元 … 3〜4本分
- コリアンダーの根 … 1〜2本

パーデークのタレ (32頁) … 14g
岩塩 … 適量
ワケギ … 2本
コリアンダー … 4〜5本

今回はモクズガニを使用しましたが、より小さなサワガニを使ってもいいでしょう。

川に棲むカニには肺吸虫の幼生が寄生している可能性が高いので、けっして生食せず、必ずしっかり火を通してください。また、体液や殻の破片が周囲に飛びちらないように注意してください。

つくり方

❶モクズガニの中心まで火が通るよう直火でじっくり焼く。
❷直火でAを焼いて焦げ目をつける。ニンニク、アカワケギの皮をむく。
❸①のフンドシを取り除き、背甲を開く。エラ、口、消化管を取り除く。背甲、爪、足先などの硬い部分は取り除き、胴の殻が薄い部分の身を殻ごと残す。背甲から味噌を取り出す。
❹すり鉢に②を入れ、すりこぎでたたきつぶしてペースト状にする。
❺④に③の殻ごとの身と味噌を加え、すりこぎでたたいて混ぜ合わせる。
❻パーデークのタレを加えて混ぜ合わせ、岩塩で調味する。
❼きざんだワケギとコリアンダーを加え、すりこぎで軽くたたきながら混ぜ合わせる。

カニの背甲、爪、足先などはここでは使用しませんが、直火で焼いて食べるといいでしょう。

ປິ່ນປາໃສ່ໝາກເຂືອ

11 ポン・パー・サイ・マーククア ——YuLaLa

魚とナスのディップ

マーククア（ナス）と一緒に魚をとろとろになるまで煮た料理です。
淡水魚をゆでてからそのゆで汁でナスを煮て、
その煮汁で、たたいたナスと魚のほぐし身と香草を一緒に煮込みます。
力強いノコギリコリアンダーの風味がしっかり感じられる仕立てなので、少し濃い目に調味し、
チェーオと同様にカオニヤオや蒸し野菜にディップして食べるのがおすすめです。

材料（2人分）

淡水魚の切り身※1… 100ｇ
ナス… 2本
トウガラシの香味ペースト（33頁）… 10ｇ

A
┃　コリアンダー … 5ｇ
┃　ノコギリコリアンダー … 10ｇ
┃　ワケギ … 5ｇ

B
┃　パーデークのだし（32頁）
┃　ナムパー（20頁）
┃　岩塩 … 各適量

ノコギリコリアンダー … 適量
粗挽きトウガラシ（33頁）… 適量

※1 今回はニゴイを使用

つくり方

❶淡水魚の切り身を中心まで火が入るように塩ゆでする。ゆで汁は取り置く。
❷①の身をほぐし、小骨を取り除く。
❸ナスを①で取りおいたゆで汁でくたくたになるまで煮る。煮汁は取り置く。
❹すり鉢にトウガラシの香味ペースト、③のナスを入れ、すりこぎでたたき和える。
❺鍋に②、④を入れ、③で取り置いた煮汁を加え、好みのとろみ具合になるまで弱火で煮る。
❻きざんだAを加え、Bで調味する。

香草を加えた後は、香りがとぶので煮
込みすぎないようにしてください。

❼器に盛り、きざんだノコギリコリアンダーをのせ、粗挽きトウガラシをちらす。

和え物・サラダ

ลาบเป็ด

12 ラープ・ペット ──小松亭タマサート

アヒルの香草和え

ラオス料理を代表する品の一つがラープ。

ほとんどのラオス料理の料理名が「調理法＋食材」で表されるなかで、

ラープに限っては「幸せ」や「福」といった意味の「ラーパ」という言葉が

由来と言われています。ラオス人にとってラープが特別な存在であることがうかがえ、

実際に結婚式などの宴席で提供されることも少なくありません。

主素材としてはガイ（鶏）、ペット（アヒル）、グア（牛）、ムー（豚）、

パー（魚）、ゴップ（カエル）といったさまざまな食材が使われ、

それらの主素材をミンチにするかたたき、香草類で和えた料理を指します。

ただし、肉の内臓類などを主素材にする時はそぎ切りにすることもあるといった例外も。

生もしくは半生の主食材を同じように香草類で和えたコーイ（56頁）という

料理もあり、それとの区別がやや曖昧になっているようです。

ペット（アヒル）のラープは定番で、お祝いごとがあるときに1羽をさばいて

複数の料理に仕立てるうちの一品とされることがよくあります。

今回はアヒルの代わりに丸の合鴨をさばいて使いました。

胸肉はたたいてミンチにし、内臓類は細かくきざんで、

スペアミント、ガランガルやレモングラスなどで和えて香り豊かに仕上げました。

なお、伝統的なラオス料理では動植物性の油脂を多用しません。

代わりに今回のように鳥類などの皮を低温で炒め、

その際に出てくる少量の脂を炒め油や揚げ油に用いることがあります。

脂身などの“味がしつこいもの”は敬遠されるので、たとえば鳥類の皮を料理に

使うときは脂をしっかり落として、カリカリの状態にして使います。

ラープ・ルアット・ペット

アヒルの血のラープ

日本ではつくるのがなかなか難しいのですが、現地では新鮮なアヒルの血を使ったラープもあります。生のアヒルの血にナムパーを加えて固め、きざんだ肉や揚げたアカワケギなどをのせて、パーデークやライム果汁で調味したものです。ラオスの農村では、お祝いのときなどに家禽のアヒルをつぶして食べますが、そんなラオスの食文化が体験できる料理です。現地を訪れたらぜひ味わってみてほしい一品ですね。

12 ラープ・ペット アヒルの香草和え

材料（4人分）

合鴨の皮
合鴨の胸肉
合鴨の砂肝（ズリ）
合鴨の心臓（ハツ）
合鴨の肝臓（レバー）… 各1羽分
アカワケギ（揚げる用）… 3〜4個
ガランガル（厚さ5mmの薄切り）… 1枚
レモングラスの太くてやわらかい部分 … 2本分
赤トウガラシ … 3〜4本
塩 … 適量
ライム果汁 … 適量
スペアミントの葉 … 20 〜 30 枚
コリアンダー … 3〜4本
ワケギ … 2〜3本
アカワケギ … 3〜4個
粗挽きトウガラシ（33頁）… 3g
カオクア（18頁）… 28g
粗挽きトウガラシ（仕上げ用）… 適量
カオクア（仕上げ用）… 適量

つくり方

❶合鴨を締めて血抜きする。大鍋に70℃の湯
を入れて、合鴨を浸けて羽をむしる。腹をさいて
開いて内臓を取り、各内臓を掃除する。胆嚢は
ピン・ペット（110頁）用に取り置く。
❷首と水かき、手羽、尾（ぼんじり）を落とす。
尾の両脇の臭腺を取り除く。
❸身を洗って骨をはずし、皮をむく。身は胸肉、
腿肉などに切り分ける。

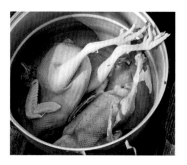

> 骨、腿肉はトム・ソム・ペット（72頁）、
> 胆嚢、頭、首、手羽、水かきなどはピン・
> ペット（110頁）に使用します。

❹細くきざんだ合鴨の皮を中火に熱したフライパ
ンで炒め、じくじくと脂を出す。カリッとなったら
皮を取り出して、取り置く。
❺④のフライパンに残した脂で、縦に薄切りにし
たアカワケギを揚げる。焦げる前に取り出す。

❻合鴨の胸肉をきざみ、包丁でたたいてミンチにする。合鴨の砂肝、心臓、肝臓をきざむ。
❼⑤のフライパンに残ったアカワケギの香りが移った脂で、⑥を火が入るまで中火で炒める。ボウルに取り置く。

合鴨の水分をとばしすぎないように炒めてください。

❽ガランガルを細かいみじん切り、レモングラスをごく薄い小口切りにする。赤トウガラシを薄切りにする。
❾⑦のボウルに⑧を合わせ、塩、ライム果汁を加えて調味する。
❿スペアミントの葉を適宜にちぎり、コリアンダーとワケギを小口切りにする。アカワケギを縦に薄切りにする。
⓫⑩を⑨に加えて混ぜ合わせる。粗挽きトウガラシ、カオクアを加え混ぜ、器に盛る。
⓬粗挽きトウガラシ、カオクア、④で取り置いた皮、⑤をちらす。

ລາບເຄື່ອງໃນງົວ
13 ラープ・クアンナイ・グア ——YuLaLa

牛の内臓の香草和え

ラオスを代表する料理の一つであるラープは、主素材にさまざまな肉類や
魚介類が用いられ、多彩なバージョンがあります。
ここで紹介するのは、庶民に親しまれている牛の内臓を使ったラープです。
火を入れた牛肉の胃、肝臓、小腸、大腸の食感を残すためにそぎ切りにして香草と和えると、
スペアミントのさわやかな香り、コリアンダーの青っぽさ、ライムの酸味などが相まって
爽快感あふれる一皿に仕上がります。
煎ったトウガラシとカオクアをたっぷりかけるとこうばしさが増してよりおいしいです。
現地では苦味とコクをプラスするためにピア（腸管内容物の絞り汁）を加えることもあります。

材料（2人分）

A	牛の第1胃（ミノ）… 80 g
	牛の肝臓（レバー）… 80 g
	牛の小腸（マルチョウ）… 80 g
	牛の大腸（シマチョウ）… 80 g

レモングラス… ¼本
ナムパー（20頁）… 適量
アカワケギ… 4個
トウガラシ（赤・青）… 好みの分量
スペアミント… 10枚
コリアンダー… 10 g

B	パーデークのタレ（32頁）… 10 g
	ライム果汁… 5 g
	ナムパー… 適量

C	揚げタマネギ（34頁）
	揚げニンニク（34頁）
	カオクア（18頁）
	粗挽きトウガラシ（33頁）… 各適量

つくり方

❶Aに塩（分量外）を揉み込む。10分ほど下ゆでし、湯を捨てる。
❷鍋に水（分量外）を張って、包丁の腹でたたいて香りを出してから適宜に切ったレモングラスとナムパーを入れ、①を加えて煮る。
❸②の水をきり、そぎ切りにする。

> 肉類のラープはミンチにする場合とたたく場合がありますが、内臓に関してはそぎ切りにするのが主流です。

❹ボウルに③、きざんだアカワケギとトウガラシ、ちぎったスペアミントとコリアンダーを加えて和える。
❺Bを加えて調味し、器に盛ってCをちらす。

ລາບປາ

14 ラープ・パー ──小松亭タマサート

魚のたたき

ラオスで「ラープ・パー」(魚のラープ) という場合は、
生の魚をすり鉢のコックに入れ、
水分を加えてすりこぎのサートでたたきつぶしたものを指します。
生の魚肉に加水することに抵抗があるかもしれませんが、
しっかり加水してたたき和えるとぽってりとした食感になり、
にぎったカオニヤオとからみやすくなります。
ナスを始めとする副材料は、焼いて焦げ目をつけることも大事な点ですね。
生の魚にこうばしい風味が加わることで、よりおいしくなるからです。

材料（4人分）

A
| ガランガル（厚さ3mmの薄切り）… 3～4枚
| 赤トウガラシ… 3本
| コリアンダーの根… 1本分
| アカワケギ… 3～4個
| ニンニク… 2～3片
| ワケギの根元… 2～3本分

ナス… 1～2本

ラオスでは「マーククア」と呼ばれる小さな丸ナスを使います（その場合は3～4個を使用）。

淡水魚の切り身※1… 300g
パーデークのタレ（32頁）… 適量
パーデーク水（32頁）… 適量

B
| ナムパー（20頁）
| ライム果汁
| 塩… 各適量

C
| 赤トウガラシ… 2～3本
| ワケギ… 2～3本
| コリアンダー… 3本
| スペアミントの葉… 20～30枚

粗挽きトウガラシ（33頁）… 適量
カオクア（18頁）… 6g
スペアミント … 適量
赤トウガラシ … 適量

※1 今回はウグイを使用

つくり方

❶Aを直火で焼いて焦げ目をつける。アカワケギとニンニクの皮をむく。
❷すり鉢に①を硬いものから順に入れ、すりこぎでたたいてペースト状にする。

ガランガル、赤トウガラシ、コリアンダーの根、アカワケギ、ニンニク、ワケギという順で入れるとペーストにしやすいです（ほかの料理も同様）。

❸ナスを直火で焼いて焦げ目をつける。皮をむく。
❹淡水魚の腹骨をそぎ落とし、皮を引く。適宜にきざむ。

今回のウグイのようにコイ科魚類を用いる場合は、肩口から2～3mm幅に切り、包丁でたたいてミンチにします。

❺④をすり鉢に入れ、すりこぎでたたきつぶす。②、③、パーデークのタレを順に入れ、そのつどすりこぎでたたき和える。
❻パーデーク水を少量ずつ加えて、水分量を調整する。最終的に魚肉に対して2割程度の加水をする。
❼Bを加えて調味し、きざんだCを加えてよく混ぜ合わせる。さらに粗挽きトウガラシ、カオクアを加えてよく混ぜる。
❽器に盛り、粗挽きトウガラシ、カオクアをちらす。スペアミント、赤トウガラシを飾る。

ກ້ອຍປາ

15 コーイ・パー ——小松亭タマサート

魚の湯引きの香草和え

ラープ・パー（54頁）では生の淡水魚をたたきつぶしてミンチにするのに対し、
このコーイ・パーは淡水魚をそぎ切りにしてから湯引きにして用います。
味のベースは塩とパーデーク、ライム果汁。
そこに定番のハーブ類で香りを加えていきます。
現地では生の淡水魚のそぎ切りでコーイ・パーをつくる場合もあります。
魚を三枚におろした後に塩で締めるときれいな味になりますが、
ラオス流に、淡水魚の香りを生かしてそのまま調理した方が味に深みが出ると思います。

材料（4人分）

淡水魚の半身※1… 約250g
レモングラス… 1〜2本
ガランガル（厚さ3〜4mmの薄切り）… 4〜5枚
コブミカンの葉… 2〜3枚
塩… 適量
パーデークのタレ（32頁）… 適量
A
　パーデークのタレ… 21g
　ライム果汁… 15g
　ナムパー（20頁）… 適量
　塩… 適量
レモングラスの太くてやわらかい部分… 2本分
ガランガル（厚さ5mmの薄切り）… 1枚
赤トウガラシ… 3〜4本
アカワケギ… 4〜5個
ワケギ… 2〜3本
コリアンダー… 2〜3本
スペアミント… 20〜30枚
カオクア（18頁）… 8g
粗挽きトウガラシ（33頁）… 好みの量

※1 今回はパンガシウス（ナマズ目パンガシウス科）を使用

つくり方

❶淡水魚の腹骨をそぎ落とし、皮つきのままそぎ切りにする。

　コイ科の魚の場合は、肩口から骨切りしながらそぎ切りにします。

❷鍋に水（分量外）を張り、包丁の腹でたたいて香りを出してから適宜に切ったレモングラス、薄切りにしたガランガル、コブミカンの葉を入れて沸かす。

　加熱せずに生の魚を用いることもありますが、その場合は皮を引いてください。引いた皮を湯引きして加えることもあります。また、淡水魚の生食には十分注意してください。

❸②に塩、パーデークのタレを加え、①を入れてさっとゆでる。皮に火が通ったら取り出す。
❹③をボウルに入れ、熱いうちにAを加えて和える。
❺レモングラスをごく薄い小口切りにする。ガランガルの皮をむき、細かくみじん切りにする。赤トウガラシを薄いななめ切りにする。
❻⑤を④に加えて和える。
❼アカワケギを縦に薄切りにし、ワケギを薄いななめ切りにする。コリアンダーを細かくきざむ。
❽⑥に⑦とスペアミントを加えて和える。
❾カオクア、粗挽きトウガラシを加えて和える。

　味のベースとなる塩分と酸味→基本のハーブ→和え物としてのハーブ→カオクア、粗挽きトウガラシの順で加えると味が決まりやすく、かつ水分量の調整がしやすくなります。

ສ້າໄກ່
16 サー・ガイ ——YuLaLa
鶏肉の香草和え

鶏肉をそぎ切りにして、バナナの花や香味野菜、ハーブと和えた料理です。

ラープと似ていますが、違いは調味にパーデークを使わないこと、

ラープよりもライム果汁をたくさん入れることなどが挙げられます。

そのため、ラープ・ガイ（鶏のラープ）であれば

ハーブの香りとパーデークの旨味が際立つのに対し、

サー・ガイは鶏肉そのものの味をライムの爽快感と一緒に楽しむイメージですね。

材料（2人分）

鶏の腿肉… 150 g
鶏の心臓（ハツ）… 50 g
鶏の砂肝（ズリ）… 50 g
鶏の皮… 50 g
レモングラス … ¼ 本
アカワケギ… 4個
バナナの花 … ⅙ 個
ワケギ… 適量
コブミカンの葉… 3枚
A │ トウガラシの香味ペースト（33頁）… 10 g
  │ ナムパー（20頁）… 適量
  │ ライム果汁… 適量
コリアンダー… 適量
スペアミント… 適量
粗挽きトウガラシ（33頁）… 適量

つくり方

❶鶏の腿肉、心臓、砂肝、皮を直火で焼いて、そぎ切りにする。

鶏の皮は脂を落とし、カリカリになるまで焼いてください。
フライパンで焼いても構いません。

❷レモングラス、アカワケギ、バナナの花を薄切りにする。ワケギは小口切り、コ
ブミカンの葉は細切りにする。バナナの花は黒変するので、すぐにライム果汁（分
量外）を加えた水にさらす。

コブミカンの葉は硬いのでなるべく細く切るようにしてください。
素揚げしてから仕上げにちらしてもいいでしょう。

❸ボウルにAを入れて混ぜ合わせる。

ライム果汁はたくさん搾った方がこの料理らしくなります。

❹③に①、②を入れ、ちぎったコリアンダーとスペアミントを加えて混ぜ合わせる。
❺器に盛り、粗挽きトウガラシをちらす。

砕いたピーナッツをちらす場合もあります。

ラオス北部の市場の総菜売り場などでよく見かける料理です。

ラオスでもっともポピュラーな野菜の一つである

マーククア（ナス）を主素材に使っています。

このナスと、これまたラオスでよく用いられるバナナの花を薄切りにし、

ハーブや香味野菜、ライムなどと一緒に和えています。

ライムやガランガルのさわやかな風味が楽しめる料理です。

ສ້າໝາກເຂືອ

17 サー・マーククア —YuLaLa

薄切りナスの香草和え

材料（2人分）

現地ではマーククア・ポーと呼ばれる小ぶりで硬めの
ナスをよく見かけますが、今回は水ナスを使いました。

水ナス … 2個
バナナの花 … ⅙個
ショウガ … 5g
ガランガル … 5g
トウガラシの香味ペースト（33頁）… 10g
ライム果汁 … 10g
レモングラス … ½本
アカワケギ … 4個
スペアミント … 10枚
ナムパー（20頁）… 適量
ピーナッツ … 適量
粗挽きトウガラシ（33頁）… 適量

つくり方

❶水ナスとバナナの花を薄切りにする。バナナの花は黒変する
ので、すぐにライム果汁（分量外）を加えた水にさらす。
❷適宜に切ったショウガとガランガル、トウガラシの香味ペース
トをすり鉢に入れ、すりこぎでたたき和える。
❸ライム果汁を加えて混ぜ合わせる。
❹ボウルに①の水ナスと水をきったバナナの花、薄切りにしたレ
モングラスとアカワケギ、ちぎったスペアミントを入れ、③を加え
て混ぜ合わせる。
❺ナムパーを加えて調味する。
❻器に盛り、砕いたピーナッツ、粗挽きトウガラシをちらす。

スゥプは、副菜として食べられる汁気のない和え物です。

主素材には今回のように複数のパク（野菜）を使うことが普通ですが、

旬の味を強調するために素材を1〜2種に絞ってもいいかもしれません。

ゴマに加えてショウガやディルの風味をしっかり効かせるのがポイントで、

味付けには定番のナムパーなどのほか、

シーイウ・カーオと呼ばれるタイの醤油を使用します。

とはいえ調味料で味付けするというより、それぞれの素材の風味を引き出して

組み合わせて味をつくる料理というイメージ。

季節の野菜や山菜などの青っぽさやほろ苦さが楽しめる味わい深い料理です。

ຊຸບຜັກ
18 スゥプ・パク —YuLaLa
野菜と香草のゴマ和え

<u>材料（2人分）</u>

A｜ヤングコーン … 4本
｜タケノコ … 50g
｜インゲン … 5本
｜青菜※1 … 50g
｜キノコ※2 … 50g
ショウガ … 20g
ガランガル … 5g
トウガラシの香味ペースト（33頁）… 10g
白ゴマ … 適量
B｜ナムパー（20頁）… 10g
｜パーデークのタレ（32頁）… 5g
｜シーイウ・カーオ（32頁）… 適量
ディル … 適量
ノコギリコリアンダー … 適量
煎り白ゴマ … 適量
粗挽きトウガラシ（33頁）… 適量

※1 今回は味見菜（あじみな）を使用
※2 今回はヒラタケを使用

ノコギリコリアンダーは主張が強いので入れすぎに
は注意。とはいえ、入れなければ料理全体の香りに
奥行きが出ないのでうまく加減してみてください。

<u>つくり方</u>

❶適宜に切ったAを塩ゆでする。

野菜類は蒸して加熱しても構いません。

❷適宜に切ったショウガとガランガル、トウガラシの香味ペースト、
白ゴマをすり鉢に入れ、すりこぎでたたき和える。
❸②にBを加えて調味する。
❹ボウルに水気をきって一口大に切った①、きざんだディルとノコギ
リコリアンダーを入れ、③を加えて和える。
❺器に盛り、煎り白ゴマ、粗挽きトウガラシをちらす。

ຕຳໝາກຫຸ່ງ
19 タム・マークフン ── 小松亭タマサート

パパイヤサラダ

ラオスで好んで食べられるマークフン（パパイヤ）を使ったサラダです。
タイにはこの料理を発祥とするソムタムという料理があり、
パパイヤ専用のピーラーもありますが、それでは食感が均一になっておいしくありません。
ラオス式で手切りにすると幅、長さ、厚みが不均一になり、食感に奥行きが生まれます。
それが料理に手間を惜しまないラオス料理ならではの魅力です。
味の面では赤トウガラシの辛さをしっかり効かせるのがポイントで、
好みでパーデークの魚をそのまま入れてもいいでしょう。
付け合わせの定番のキャベツやカオニヤオにも合いますが、
揚げた豚の皮であるキヤップ・ムー（34頁）と組み合わせて食べるのがおすすめです。

材料（2人分）

パパイヤ … 1/8 ～ 1/4 個

A
┌ ニンニク … 1～2片
│ 砂糖※1 … 6.8g
│ ナンプー（21頁）… 1g
└ カピ（20頁）… 6g

赤トウガラシ … 5～6本
ミニトマト … 5～6個
パーデークのタレ（32頁）… 21g
ライム果汁 … 1/4 ～ 1/3 個分
ピーナッツ … 適量
キャベツ … 適量

※1 今回はヤシ砂糖を使用

> トウガラシの分量は基本的に好みで構いませんが、この料理に関しては赤トウガラシをしっかり効かせるようにしてください。

つくり方

❶ パパイヤをささがきにする。

> 皮をむいたパパイヤを片手に持ち、少しずつ回転させながら包丁で縦に切り目を入れてから、ゴボウをささがきにするように包丁で薄く長く削ります。

❷ すり鉢にAを入れ、すりこぎでたたきつぶしてペースト状にする。
❸ 赤トウガラシを加え、すりこぎでたたき和える。

> 種を粉砕すればするほど辛味が出るので、つぶし具合で辛味を調整します（ほかの料理でも同様です）。

❹ ③に半分に切ったミニトマトを加え、すりこぎでゆっくり押しつぶしながらトマトの果肉と果汁を混ぜ合わせる。
❺ パーデークのタレ、ライム果汁を加えて混ぜ合わせる。
❻ ①を加え、すりこぎで軽くたたきながら混ぜ合わせる。

> パパイヤの食感を残すために、たたきすぎないように注意してください。

❼ 器に盛って砕いたピーナッツをちらし、キャベツを添える。

ຕຳເຂົ້າປຸ້ນ
20 タム・カオプン ── 小松亭タマサート

乳酸発酵米麺の辛味和え

ラオスで食べられる米粉の押し出し式細麺のカオプンは、
ベトナムの「ブン」とほぼ同じものと思っていいでしょう。
うるち米を数日間水に浸け、水中で乳酸発酵させてからつくります。
この料理はそのカオプンをタム・マークフン（64頁）と同じタレで和えたもので、
現地では軽食という位置づけですね。
カピやパーデークといった魚介系調味料に由来する旨味と塩気、
赤トウガラシの辛味が麺にからんで後を引く味わいです。

米粉の細麺（乾麺）… 100g

A
　ニンニク … 1〜2片
　砂糖※1 … 6.8g
　ナムプー（21頁）… 2g
　カピ（20頁）… 9g

赤トウガラシ … 5〜6本
ミニトマト … 10個
パーデークのタレ（32頁）… 28g
ライム果汁 … 1/2個分
ピーナッツ … 適量

※1 今回はヤシ砂糖を使用

現地では生のカオプンを使いますが、日本でつくるのであればベトナム食材として売られている乾麺のブンが使いやすいです。

つくり方

❶米粉の細麺を2時間程度ぬるま湯に浸けてもどす。
❷①をたっぷりの湯で1〜2分ゆでてザルにあけ、冷水を入れたボウルのなかで揉み洗いする。
❸②の麺をほぐし、食べやすい量ごとにまとめてザルに並べて水をきる。
❹すり鉢にAを入れ、すりこぎでたたきつぶしてペースト状にする。
❺赤トウガラシを加え、すりこぎでたたき和える。
❻半分に切ったミニトマトを加え、すりこぎでゆっくり押しつぶしながらトマトの果肉と果汁を混ぜ合わせる。
❼パーデークのタレ、ライム果汁を加えて混ぜ合わせる。
❽③の麺を加えてよく混ぜる。

ザルに上げたカオプンは固まりますが、水分に触れるとふたたび麺がほぐれます。

❾器に盛って砕いたピーナッツをちらす。

煮物・スープ

ต้มแจ่วปา
21 トム・チェオ・パー —— YuLaLa

魚の香草煮

白身の淡水魚を香草と煮込んだ、シンプルながら完成度の高い一品です。
レモングラス、コブミカン、コリアンダー、ディルを煮だしたスープには
魚のだしやトウガラシの香味ペーストの辛味と旨味が
溶け込んでいてとても滋味深く、それでいて、
4種類の香草の相乗効果によって生み出された華やかな香りが感じられます。
魚の風味と香り高い香草のハーモニーを楽しんでほしい料理ですね。

材料（2人分）

今回はナマズを使いましたが、
淡白な白身の魚が向いています。

ナマズの切り身… 200g
水… 300㎖
キノコ※1… 40g
レモングラス… 10g
ワケギ… 5g
コブミカンの葉… 4枚
トウガラシの香味ペースト（33頁）… 10g
コリアンダー… 適量
ディル… 適量
ナムパー（20頁）… 適量
シーイウ・カーオ（32頁）… 適量
ディル（仕上げ用）… 適量

※1 今回はヒラタケを使用

つくり方

❶ナマズを塩ゆでしてから水で洗い、ぬめりを取り除く。
❷鍋に水を張って沸かし、一口大に切ったキノコ、きざんだレモングラスとワケギ、コブミカンの葉、トウガラシの香味ペーストを入れてひと煮立ちさせる。
❸①を加え、アクを引きながら中火で15分程度煮る。
❹ちぎったコリアンダーとディルを加え、ナムパーとシーイウ・カーオを加えて調味する。

ナムパーで塩味を調整し、少量のシーイウ・カーオを加えてコクを出すイメージです。

❺器に盛り、ちぎったディルをのせる。

ຕົ້ມເຄັມປາ

22 トム・ケム・パー —— YuLaLa

揚げ魚の甘辛煮

ラオスでは油で揚げた料理がそれほど多くありませんが、

この料理は魚を揚げてから煮込んでいます。

おそらくベトナム料理の影響を受けているのでしょう。

ラオスに住んでいたときにお世話になった、

ラオス中部ターケーク出身で料理上手な"ヴィアンおばちゃん"直伝のレシピです。

オイスターソースや甘味のあるタイの醤油シーイウ・ダムといった

コクのある調味料を使うのでくどくなりがちですが、

タマリンドやトマトの酸味をしっかり効かせて

キレのある味わいに仕上げるといいでしょう。

材料（2人分）

淡水魚^{※1}… 300g
塩 … 適量
米粉^{※2} … 適量
サラダ油 … 適量

今回は筒切り状の魚を使いましたが、切り身でも、下処理した小ぶりの魚を丸ごとでも大丈夫です。

A
| レモングラス … ¼本
| ガランガル … 10g
| コブミカンの葉 … 4枚
| トウガラシ（赤・青）… 好みの量

砂糖 … 20g
湯 … 200㎖程度
豚のスープ（33頁）… 100㎖

B
| ナムパー（20頁）… 10g
| オイスターソース … 10g
| シーイウ・カーオ（32頁）… 5g
| シーイウ・ダム（32頁）… 5g

タマリンド水（34頁）… 100g
コブミカンの葉 … 2枚
タマネギ … ¼個
トマト … 1個
ノコギリコリアンダー … 適量
コリアンダー … 適量

※1 今回はベトナム産ライギョを使用
※2 薄力粉でも可

つくり方

❶淡水魚に塩をふる。表面にまんべんなく米粉をまぶし、170 〜 180℃のサラダ油でじっくり揚げる。
❷すり鉢に適宜に切ったAを入れ、すりこぎでたたき和える。
❸鍋に砂糖を入れ、中火で熱してカラメリゼする。湯を加えてのばす。

砂糖はほろ苦くなるくらいまで、しっかりカラメリゼするのがポイントです。料理全体に奥行きが生まれます。

❹③に豚のスープとBを加えて混ぜ合わせる。
❺④に②とタマリンド水、コブミカンの葉、きざんだタマネギとトマト、ノコギリコリアンダーを加えて煮る。
❻油をきった①を加え、煮汁をからませる。器に盛り、コリアンダーを添える。

ต้มส้มเป็ด
23 トム・ソム・ペット——小松亭タマサート
アヒルの酸味スープ

アヒル（今回は合鴨を使用）から出た旨味がたっぷりのスープです。
合鴨の骨と骨つき肉を煮込み、そこにタマネギ、トマト、キノコなどの具材を加えます。
今回、キノコはラオスの山で採れる天然キノコをイメージして、
シャクシャクとした食感が魅力の天然ハタケシメジを使いました。
肉とトマトの旨味、タマリンドの酒石酸とライムのクエン酸に由来する酸味に、
ハーブの香りが加わったシンプルな塩味のスープ。滋味深い味わいが特徴です。

材料（4人分）

レモングラス … 2本
ガランガル … 1/2個
コブミカンの葉 … 4〜5枚
水 … 1ℓ
合鴨の骨 … 1羽分
合鴨の腿肉（骨つき）… 1羽分
タマリンド※1 … 30g
タマネギ … 1個
ミニトマト … 7〜8個
キノコ※2 … 150g
塩 … 適量
ライム果汁 … 適量
ヒメボウキの葉 … 3本分
ワケギ … 2〜3本

※1 果肉と種子を乾燥して固めた状態のもの
※2 今回は天然のハタケシメジを使用

つくり方

❶レモングラスを包丁の腹でたたいて香りを出し、5〜6cm幅に切る。
ガランガルを厚さ3mmの薄切りにする。コブミカンの葉を適宜にちぎる。
❷鍋に水を張り、①を入れて中火で5分程度煮だして香りを移す。
❸②に適宜に切った合鴨の骨、骨ごとぶつ切りにした腿肉を加え、中
〜強火で30分程度煮込む。アクを引く。
❹タマリンドを適量の水（分量外）の中で揉んで風味を移して漉す。
❺③に乱切りにしたタマネギ、半分に切ったミニトマト、一口大にさい
たキノコ、④を加えて数分煮込む。
❻⑤のタマネギに火が通ったら、塩、ライム果汁で調味する。
❼ヒメボウキの葉、きざんだワケギを加え、軽く混ぜ合わせる。

ヒメボウキの代わりにメボウキを加えてもいいでしょう。
きざんだコリアンダーをちらす場合もあります。

ເອາະຫຼາມໃສ່ຊີ້ນງົວ

24 オ・ラーム・サイ・シーングア──YuLaLa

牛肉とナスのとろみ煮

ラオスの北部を代表する定番料理です。

主素材であるナスを、ナノハナやインゲン、ウリ系の植物のツルなどの野菜、

そしてハーブ類や木片のサーカーンと一緒に、トロトロになるまで煮込みます。

現地ではコクを出すためにナン・クワーイ（水牛の皮）を入れたり、

生肉の代わりに干し肉を使ったりすることもありますね。

グーリンピースくらいの大きさのマーク・ケーン（スズメナス）を入れることもあります。

緑と茶色ばかりで見栄えはけっしてよくないですが、

とろみのついたスープは発酵調味料ともち米の旨味が溶け込んで混然一体となり、

これこそラオス料理といった一品です。

材料（2人分）

パーデークのだし（32頁）… 200g
カピ（20頁）… 5g
水 … 200mℓ
米ナス … 1本
トウガラシ（赤・青）… 好みの量
レモングラス … 1/4本
ガランガル … 10g
サーカーン（乾燥）… 4個（親指大にカットしたもの）
牛肉※1 … 150g
キクラゲ※2 … 10g
インゲン … 4本
青菜※3 … 20g
ヒメボウキ … 適量
ディル … 適量
ナムパー（20頁）… 適量
カオブア（18頁）… 適量
カオクア（18頁）… 適量
粗挽きトウガラシ（33頁）… 適量
ディル（仕上げ用）… 適量

現地では小ぶりで硬めのナス、マーククア・ポーを使います。今回は米ナスを使いました。

※1 今回はサガリを使用
※2 乾燥のものは水でもどす
※3 今回は味美菜（あじみな）を使用

つくり方

❶鍋にパーデークのダシ、カピと水を加えて沸騰させる。
❷皮をむいて3cm角に切った米ナスを加え、やわらかくなるまでゆでる。ゆで汁は取り置く。
❸直火でトウガラシを焼いて焦げ目をつける。
❹すり鉢に適宜に切ったレモングラスとガランガル、③を入れ、すりこぎでたたき和える。
❺④に水気をきった②のナスを加え、すりこぎで混ぜ合わせながらつぶす。
❻②のゆで汁を取り置いた鍋にサーカーン、それぞれ食べやすい大きさに切った牛肉とキクラゲ、インゲン、青菜を入れて中火で煮る。アクを適宜引く。
❼⑥の牛肉に火が通ったら、⑤を加えさらに煮込む。
❽きざんだヒメボウキとディルを加え、ナムパーで調味する。
❾カオブアを加えてとろみをつける。
❿器に盛り、カオクアと粗挽きトウガラシをちらす。きざんだディルをのせる。

ເອາະປາແດກໃສ່ຊີ້ນໝູ

25 オ・パーデーク・サイ・シーンムー ——YuLaLa

豚肉のパーデーク煮

料理名に「パーデーク」とついていることからもわかるように、
この料理ではパーデークが味の中心的な役割を担っています。
ほかの料理のようにパーデークをだしやタレにして使うのではなく、
特有の風味を高めるために乾煎りしたパーデークそのものを使っています。
パーデークの質が味の決め手になるため、
高品質のものが手に入るときしかつくれない料理とも言えますね。
個性的で強いパーデークの風味と、
煮込んだ豚のスペアリブの濃厚な旨味の組み合わせがクセになります。

材料（2人分）

タマネギ … ¼個
ニンジン … ⅓本
ワケギ … 20g
トウガラシ（赤・青）… 好みの量
　　　│ レモングラス … 10g
Ａ　│ ニンニク … 10g
　　　│ ショウガ … 5g
パーデーク（20頁）… 30g
水 … 400㎖
豚のスペアリブ … 300g
ディル … 適量
ヒメボウキ … 適量
溶き卵 … 1個分
ディル（仕上げ用）… 適量

つくり方

❶タマネギを薄切り、ニンジンを短冊切り、ワケギをななめ切りにする。
❷トウガラシを直火で焼いて焦げ目をつける。
❸すり鉢に適宜に切った②とＡを入れ、すりこぎでたたき和える。
❹鍋にパーデークを入れ、弱火でじっくり乾煎りする。

　ほかの料理ではパーデークのだしやタレを用います
　が、この料理ではパーデークをそのまま使います。

❺④の水分がなくなり、香りが立ってきたら水を加える。
❻⑤にぶつ切りにした豚のスペアリブ、①、③を加えて弱火で1時間
程度煮込む。
❼きざんだディルとヒメボウキを入れ、さらにひと煮立ちさせる。

　スープの温度が低いとヒメボウキが黒く変色するので注意しましょう。

❽⑦に溶き卵を入れ、卵が煮汁を吸ってほどよく固まるまでさらに煮る。
❾器に盛り、きざんだディルをのせる。

ຕົ້ມໄກ່
26 スア・ガイ —YuLaLa
鶏肉の香草煮

鶏肉を香草と一緒に煮込んだシンプルな仕立ての料理です。

この料理に絶対に欠かせないのが、

ノコギリコリアンダーとベトナムコリアンダーという2種類の香草。

いずれも個性が強いハーブですが、この料理では鶏のだしと調和しながら

互いを引き立て、ほかの料理では味わえない複雑さのある香りを生み出します。

日本でつくるのであれば、

この2種類のハーブが手に入るときだけになってしまいますね。

仕上げにカオクアをたっぷりかけるのも、この料理のお約束です。

材料(2人分)

レモングラス … 1/4本
ガランガル … 10g
コブミカンの葉 … 2枚
鶏の腿肉(骨つき)… 200g
トウガラシ(赤・青)… 好みの量
ワケギ … 10g
タマネギ … 1/4個
A ┤ コリアンダー
  │ ノコギリコリアンダー
  │ ベトナムコリアンダー … 各適量
ナムパー(20頁)… 適量
カオクア(18頁)… 適量

つくり方

❶適宜に切ったレモングラスとガランガル、コブミカンの
葉とともに、鶏の腿肉を塩ゆでする。
❷①の鶏の腿肉の中心まで火が通ったら取り出し、食べや
すい大きさに切り分ける。ゆで汁は取り置く。
❸直火でトウガラシを焼いて焦げ目をつける。
❹②のゆで汁にきざんだ③のトウガラシとワケギ、薄切り
にしたタマネギを入れて中火にかける。
❺④のタマネギが透明になったら、②の鶏の腿肉、きざん
だAを加えてひと煮立ちさせる。ナムパーで調味する。
❻器に盛り、カオクアをたっぷりかける。

แกงหมากมะละ
27 ゲーン・マークマラ ——YuLaLa
ニガウリのスープ

マークマラ（ニガウリ）はラオスでポピュラーな野菜の一つ。
特にベトナム系の人たちが好んで食べる印象があります。
炒め物などにもしますが、ここで紹介するのは肉を詰めてゲーン（スープ）にする仕立て。
豚肉でとったクリアなスープで、
香草類を合わせた豚のミンチを詰めたニガウリを煮込んでいます。
マークマラが持つ青っぽい香りと苦味、ディルの甘みを帯びたさわやかな香り、
しっかり効かせた青トウガラシのピリッとした辛味がマッチした料理です。

材料（4人分）

A
| ニンニク … 2片
| ショウガ … 5g
| 青トウガラシ … 1本
| キクラゲ※1 … 20g
| ディル … 5g
| ヒメボウキ … 5g
緑豆春雨 … 15g
溶き卵 … ½個分
豚の挽肉 … 150g
ナムパー … 10g
ニガウリ … 3本

B
| レモングラス … ¼本
| コリアンダーの根 … 2本
| ニンニク … 2片
| コブミカンの葉 … 4枚
| 青トウガラシ … 2本
豚のスープ（33頁）… 200㎖
水 … 600㎖
ナムパー（調味用）… 適量
塩 … 適量
ディル … 適量
粗挽きトウガラシ（33頁）… 適量

※1 乾燥のものは水でもどす

つくり方

❶Aを細かくきざむ。緑豆春雨を水にさらし、1㎝幅に切る。

❷ボウルに①、溶き卵、豚の挽肉、ナムパーを入れてこねる。

❸ニガウリを幅10㎝程度に切り、ワタに箸が刺さるくらいまで塩ゆでする。氷水に取って冷まし、スプーンなどでワタを取り除く。

❹③に②を詰める。

❺鍋に適宜に切ったB、豚のスープ、水を加えて沸かす。④を入れて中火で10分煮る。

❻ナムパー、塩で調味し、さらに弱火で20分煮る。

❼⑥からニガウリの肉詰めを取り出し、幅3㎝程度の輪切りにする。

❽⑦をスープとともに器に盛ってきざんだディルをのせ、粗挽きトウガラシをちらす。

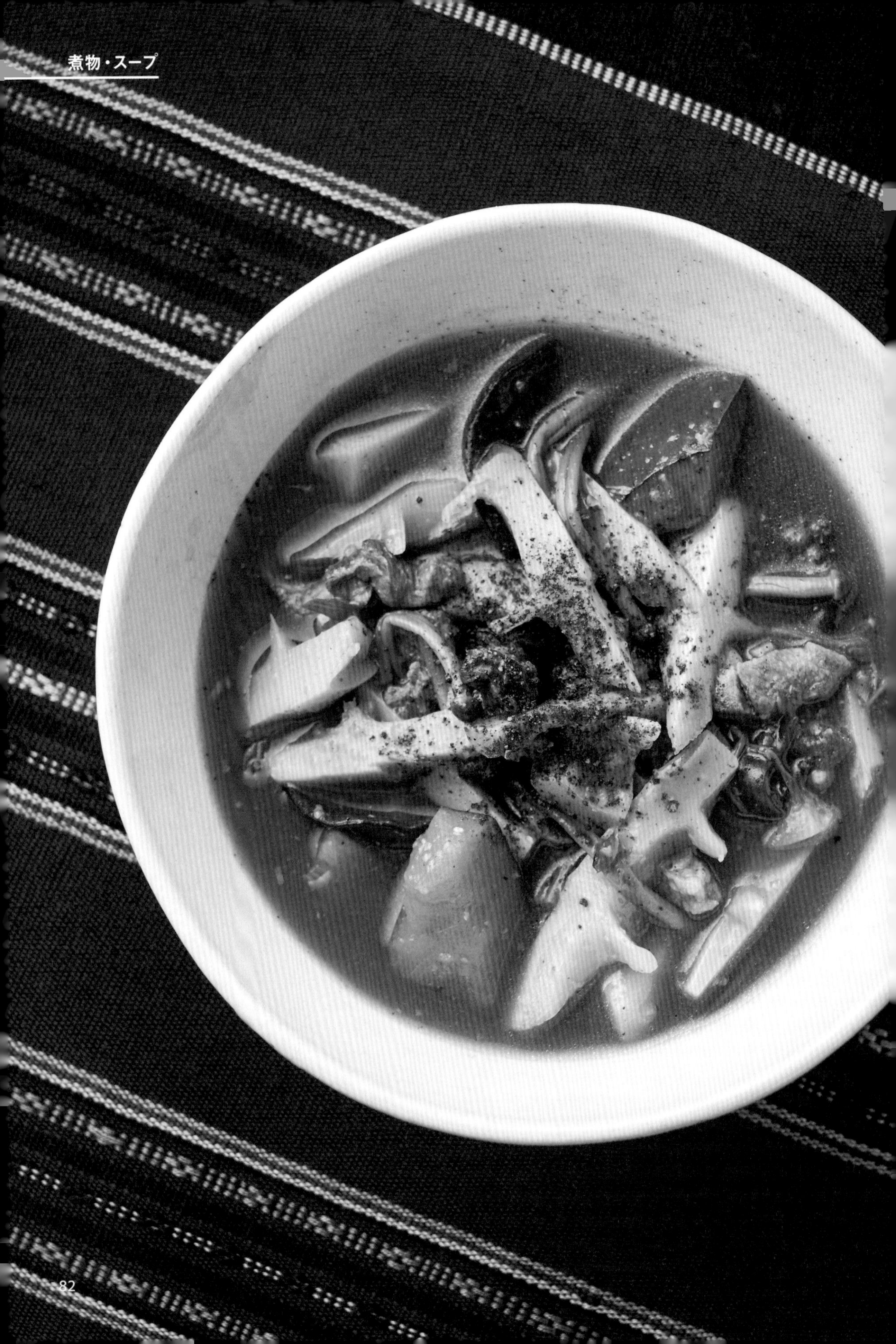

ແກງໜໍ່ໄມ້
28 ゲーン・ノーマイ——YuLaLa
タケノコのスープ

ラオス全土でもっとも親しまれているゲーン（スープ）です。
ヤーナーンと呼ばれる植物の葉を水の中で揉んで風味を移したヤーナーン汁を
入れることでスープを緑に色づけており、そこにさらに、
その名の通りシソのような香りが特徴的なシソクサを加えることで、
ゲーン・ノーマイ特有の青っぽい風味に仕上げます。
ラオスのどこの市場にも具材をセットにした「ゲーン・ノーマイセット」を売る店が
必ずあります。そのことからも、いかにこの料理がポピュラーかがわかりますね。
地域や家庭によってさまざまなバージョンがあって、豚肉ではなく牛肉でつくるところや、
肉を入れず淡水のカニでだしをとるところもあるそう。
北部サムヌア地方にはパーデークやヤーナーンを使わないレシピもあるようで、
味だけでなくその多様性についても興味を惹かれる料理の一つですね。

28　ゲーン・ノーマイ　タケノコのスープ

材料（2人分）

タケノコ … 100g
豚肉（拍子木切り）[1] … 100g
キクラゲ[2] … 20g
カボチャ … 20g
キノコ[3] … 20g
ヤーナーンの葉 … 5枚
水 … 300㎖
パーデークのだし（32頁）… 150g
トウガラシ（赤・青）… 好みの量
レモングラス … ¼本
ナムパー（20頁）… 適量
カピ（20頁）… 適量
ヒメボウキ … 適量
シソクサ … 適量
カオブア（18頁）… 適量
カオクア（18頁）… 適量

※1 今回はバラ肉を使用
※2 乾燥の場合は水でもどす
※3 今回はヒラタケを使用

つくり方

❶アク抜きしたタケノコ、豚肉、キクラゲ、カボチャ、キノコを一口大に切る。
❷ボウルにちぎったヤーナーンの葉と水を入れ、ヤーナーンを手で揉んで色と風味を水に移す。ヤーナーンの葉は取り除く。

　ヤーナーンの葉が手に入らなければ、コマツナやホウレンソウなどをミキサーにかけて代用してください。ヤーナーン汁の缶詰めも売られています。

❸鍋に②とパーデークのだしを入れてひと煮立ちさせ、①を加える。中火で具材がやわらかくなるまで煮る。アクを引く。
❹すり鉢にきざんだトウガラシとレモングラスを入れ、すりこぎでつぶす。
❺③に④、ナムパー、カピを加えて混ぜ合わせ、さらに15分煮る。
❻きざんだヒメボウキとシソクサを加えてひと煮立ちさせ、カオブアでとろみをつける。
❼皿に盛り、カオクアをちらす。

ແກງໜໍ່ໄມ້ສົ້ມໃສ່ຕີນໝູ

29 ゲーン・ノーマイソム・サイ・ティンムー ——YuLaLa

豚足と発酵タケノコのスープ

ノーマイソム（発酵タケノコ）にティンムー（豚足）を合わせた、
ちょっと豪華なゲーン（スープ）です。
豚足は下ゆでしてからノーマイソムや香味野菜、香草類と一緒に煮込み、
クリアな味わいに仕上げます。
調味はシンプルにナムパーだけ。乳酸発酵させたことで醸し出る
ノーマイソムのほのかな酸味が感じられるやさしい印象のゲーンです。
ノーマイソムは市場でも売っていますが、
雨季の間はタケノコが比較的容易かつ大量に手に入るので、
ペットボトルなどを利用して各家庭で仕込んで保存しています。

材料（2人分）

豚足 … 2本
赤トウガラシ … 好みの量
ニンニク … 2片
タマネギ … 1/2個
レモングラス … 1/4本
ワケギ … 10g
豚のスープ（32頁）※1 … 30㎖
発酵タケノコ（27頁）… 80g
ヒメボウキ … 適量
ナムパー（20頁）… 適量
コリアンダー … 適量
※1 水でも可

つくり方

❶豚足を塩ゆでし、適宜の大きさに切る。
❷赤トウガラシを直火で焼いて焦げ目をつける。適宜に切る。
❸ニンニク、タマネギを薄切りにする。レモングラス、ワケギをななめ切りにする。
❹鍋に豚のスープを入れて沸かし、①、②、③、発酵タケノコを入れて中火で煮る。
❺ヒメボウキを加え、ひと煮立ちさせる。ナムパーで調味する。
❻器に盛り、ちぎったコリアンダーをのせる。

ແກງເຄື່ອງໃນງົວ

30 ゲーン・クアンナイ・グア——YuLaLa

牛の内臓のスープ

パーデークとナムパー、数種のハーブだけでシンプルに味付けした、
グア（牛）のクアンナイ（内臓）のゲーン（スープ）です。
ラオスでは牛の内臓のラープや炭火焼を売るお店が人気ですが、
そこには必ずこのゲーンもメニューにあります。
新鮮さが命の牛モツ料理を扱うお店は、このゲーンがおいしくないと話になりません。
逆にこのゲーンがおいしい店は「当たり」ということ。
地元の人はおいしいお店がどこかよく知っていて、そういうお店は
毎日地元の常連客でにぎわっていますね。

材料（2人分）

A
| 牛の第1胃（ミノ）… 100g
| 牛の肝臓（レバー）… 100g
| 牛の小腸（マルチョウ）… 100g
| 牛の大腸（シマチョウ）… 100g
レモングラス … 適量
ナムパー（20頁）… 適量
ワケギ … 10g
青菜※1 … 30g
ノコギリコリアンダー … 10g
トウガラシの香味ペースト（33頁）… 10g
パーデークのだし（32頁）… 200㎖
ナムパー（調味用）… 適量
カオクア（18頁）… 適量
粗挽きトウガラシ（33頁）… 適量

※1 今回はカブの葉を使用

つくり方

❶Aに塩（分量外）を揉み込み、10分程度下ゆでする。湯を捨てる。
❷包丁の腹でたたいて香りを出してから適宜に切ったレモングラス、ナムパーとともに①を再度ゆでる。ゆで汁は取り置く。
❸②から牛の内臓を取り出し、一口大に切る。
❹鍋に②のゆで汁を200㎖そそぎ、③、適宜に切ったワケギと青菜、ちぎったノコギリコリアンダー、トウガラシの香味ペースト、パーデークのだしを入れてひと煮立ちさせる。
❺ナムパーを加えて調味し、器に盛ってカオクアと粗挽きトウガラシをちらす。

カオクアは風味がとびやすいので、できるだけ当日に
煎ったこうばしい状態のものを使いましょう。

ອົບອ່ຽນ

31 オップ・イヤン ——YuLaLa

タウナギの甘辛煮

オップ (甘辛煮) はオイスターソースやシーイウ・カーオ、
シーイウ・ダムを使ってハーブとともに具材を甘辛く煮込んだ料理です。
イヤン（タウナギ）はしっとりとしたやわらかな身質で、
雨季の終わりごろにラオスの市場にたくさん出まわります。
オップは力強い味付けなので、豚や鶏、淡水魚などはもちろんのこと、
森で捕れる小動物など野趣あふれるジビエ系の食材にもよく合います。
現地ではリスやタケネズミなどを骨つきのままぶつ切りにして調理するので、
かなりワイルドなオップに仕立てられますね。

材料（2人分）

タウナギ … 150 g
レモングラス … ¼本
　　｜ニンニク … 10 g
　　｜ガランガル … 5 g
A　｜ノコギリコリアンダー … 5 枚
　　｜トウガラシ（赤・青）… 好みの量
砂糖 … 10 g
　　｜ナムパー … 5 g
　　｜オイスターソース … 5 g
B　｜シーイウ・カーオ（32頁）… 5 g
　　｜シーイウ・ダム（32頁）… 5 g
　　｜豚のスープ（33頁）※1 … 100 g
コブミカンの葉 … 4 枚
コリアンダー … 適量
粗挽きトウガラシ（33頁）… 適量

※1 水でも可

つくり方

❶タウナギを一口大に切り、塩（分量外）をふる。下ゆでし、ぬめりを取る。
❷レモングラスをななめ切りにする。
❸細かくきざんだAをすり鉢に入れ、すりこぎでたたき和える。
❹鍋に砂糖を入れ、中火で熱してカラメリゼする。湯（分量外）を加えてのばす。
❺④にBを加えて混ぜ合わせる。
❻⑤に①、②、コブミカンの葉を加える。タウナギにハーブ類をからめながら、
汁気がなくなるまで煮詰める。
❼器に盛り、コリアンダーをのせて粗挽きトウガラシをちらす。

蒸し物

ปาຫນຶ່ງໝາກນາວ

32 パー・ヌン・マークナーオ──YuLaLa

魚のライム蒸し

パー（魚）を丸ごと一尾使った、ラオスでは定番の魚料理です。

今回は琵琶湖で獲れたブラックバスを用いました。

ハーブ類をまぶし、マークナーオ（ライム）と一緒にしっとりと蒸し上げます。

ライムのさわやかな酸味とフレッシュな風味をさっぱりとした白身魚にまとわせた、

和食にも通じる簡素な仕立ての料理です。

マークナーオと相性のいいレモングラスとコブミカンの葉は、

ケチらずにたっぷり使って仕上げてください。

付け合わせのチェーオ・ソムは、この料理だけでなく、

いろんな料理のつけダレとして使える手軽な万能ダレです。

醸造酢を加えるレシピもありますが、ライム果汁のみの方が香りもよくおいしいです。

淡水魚※1 … 1尾（300 〜 400g 程度）
塩 … 適量
ライム果汁（下処理用）… 1/6 個分
ニンニク … 10 g
レモングラス … 1/2 本
コブミカンの葉 … 8枚
ライム果汁 … 1/3 個分
ライム … 適量
粗挽きトウガラシ（33頁）… 適量
レモングラス（仕上げ用）… 適量
コリアンダー … 適量

※1 今回はブラックバスを使用

〈チェーオ・ソム〉

A	トウガラシ（赤・青）… 好みの量
	ニンニク … 10 g
	ワケギ … 10 g
	コリアンダーの茎と根 … 適量
B	淡水魚の蒸し汁 … 30 g
	ライム果汁 … 30 g
	ナムパー（20頁）… 30 g
	砂糖 … 適量

つくり方

❶淡水魚の皮目に包丁を入れてから両面に塩をふり、ライム果汁を搾る。30 分〜1時間おく。

> 盛りつけの都合で今回は頭を落としましたが、下処理をした丸の魚、あるいは切り身を用いても構いません。

❷耐熱皿に水気をふき取った①を移し、薄切りにしたニンニク、きざんだレモングラス、コブミカンの葉をのせる。ライム果汁を搾る。
❸②の魚にしっとりと火が入るまで蒸し器で 20 分程度蒸す。蒸し汁は取り置き、チェーオ・ソムに使用する。
❹③をニンニクなどと一緒に器に盛り、薄切りにしたライムをのせ、粗挽きトウガラシをちらす。ななめ切りにしたレモングラス、コリアンダーを添える。小皿に盛ったチェーオ・ソムを添える。

〈チェーオ・ソム〉
❶Aを適宜に切ってすり鉢に入れ、すりこぎでたたき和える。
❷Bを加えて混ぜる。

ໝົກປາ
33 モック・パー ——YuLaLa
魚のバナナの葉包み蒸し

モックは、ラオスでよく見かけるバナナの葉を使った蒸し料理です。

なかでも魚を使ったモック・パーは、もっともポピュラーなレシピでしょう。

淡水魚を青菜やキノコと一緒に塩気を効かせたタレで和え、

バナナの葉で包んで蒸し上げます。

このとき、卵液を加える場合と加えない場合があり、ここで紹介するのが後者です。

北部ではこのパターンをよく見かけますね。

卵液を使わないぶん、素材の味がシンプルに表現されるので、味付けの加減がポイント。

しっとり火が入った魚とバナナの葉とハーブのやさしい香りがマッチした

おだやかな印象の料理に仕上がれば理想的です。

特に蒸したてを食べる場合は、このレシピのように

ディルとレモングラスは混ぜ込まず具材の上にちらして包むのがおすすめ。

バナナの葉を開けたときに立ち上る香りが格段に高まります。

材料（2人分）

淡水魚の切り身※1…150g
トウガラシ（赤・青）…好みの量
ワケギ…5g
ニンニク…5g

A
　┌ パーデークのタレ（32頁）…5g
　│ ナムパー（20頁）…5g
　│ 塩…適量
　└ ライム果汁…適量
青菜※2…20g
キノコ※3…20g
ヒメボウキ…5g
カオブア（18頁）…適量
バナナの葉…適量
レモングラス…1/6本
ディル…5g

小魚を丸ごと用いる
こともあります。

ライム果汁は好みで
加えてください。

※1 今回はライギョを使用
※2 今回は味美菜（あじみな）を使用
※3 今回はヒラタケを使用

つくり方

❶淡水魚を一口大の大きさに切る。
❷トウガラシ、ワケギを直火で焼いて焦げ目を
つける。
❸すり鉢に②、きざんだニンニクを入れ、すり
こぎでたたき和える。
❹Aを加えて調味する。

和えダレになるので、ややきつめの
塩味の方が味の輪郭が際立ちます。

❺ボウルに①、④、食べやすい大きさに切っ
た青菜とキノコを合わせ、きざんだヒメボウキ、
カオブアを加えてしっかり和える。
❻⑤をバナナの葉の中央に置き、きざんだレ
モングラスとディルをのせて包む（包み方は35
頁参照）。
❼⑥を蒸し器に入れて10～20分程度蒸す。

蒸し器は、右上の写真のようにフアットカオとモー
ヌン（28頁）を使っています（ほかのモックも同様）。

ໝົກປາ
34 モック・パー (卵液入り) ── 小松亭タマサート
魚のバナナ葉包み蒸し (卵液入り)

バナナの葉で包んで蒸すモックという料理にはさまざまなバリエーションがあります。
ここで紹介するのは前頁と同じく淡水魚を主素材としたモック・パーで、
卵液を加えるパターン。蒸して卵液が固まると茶わん蒸しのような状態になります。
個人的には、今回のように魚を細かく切った場合は卵液入り、
大ぶりに切った場合は卵液なしが合うと思います。
また、今回はシソクサをメインのハーブとして使用していますが、
モックではディルも幅広い主材料に対して使われますね。
ほかのモックにも言えることですが、バナナの葉の香りが重要なので、
冷凍でもいいのでぜひ入手してつくってみてください。

材料（4人分）

レモングラス … 2〜3本
ニンニク … 2〜3片
ガランガル … 1/4個
コブミカンの葉 … 2〜3枚
もち米※1 … 25g
淡水魚※2 … 400g
シソクサ（茎ごと）… 15本
アカワケギ … 5〜6個
ワケギ … 4〜5本
　　　｜ パーデークのタレ（32頁）… 21g
A　｜ ナムパー … 適量
　　　｜ 塩 … 適量
溶き卵 … 1個分
水 … 50㎖
バナナの葉 … 適量

※1 2時間以上浸水させる
※2 今回はパンガシウス（ナマズ目パンガシウス科）を使用

つくり方

❶レモングラスの根から2㎝程度の硬い部分を取り除き、根本からごく薄い小口切りにする。硬い先端4〜5㎝も取り除く。ニンニクは皮をむく。ガランガルは皮をむいて繊維を断ち切る方向に厚さ3㎜の薄切りにする。コブミカンの葉をできる限り細く切る。
❷すり鉢に①を硬いものから順に入れ、もち米、少量の水（分量外）と一緒にすりこぎでたたきつぶす。
❸淡水魚の鱗と粘膜を落としてから内臓を取り除き、三枚におろす。腹骨をそぎ落とし、皮ごとそぎ切りにする。

コイ科魚類の場合は2㎜間隔で骨切りします。魚の骨が気にならなければ三枚おろしではなく、骨ごとぶつ切りにしても構いません。

❹シソクサをきざみ、アカワケギの皮をむいて縦に薄切りにする。ワケギは包丁の腹で少したたいてからななめ切りにする。
❺ボウルに②、③、④を入れて混ぜ合わせ、Aで調味する。
❻溶き卵と水を加えて混ぜ合わせ、1時間程度おく。必要があれば再度、塩などで調味する。
❼⑥をバナナの葉の中央に置いて包む（包み方は35頁参照）。
❽⑦を蒸し器で20分以上蒸す。

バナナの葉に十分熱が通ると茶色く変色して甘い香りが立つので、長めに蒸すといいでしょう（ほかのモックも同様）。

ໝົກສະໝອງໝູ

35 モック・サモン・ムー —— 小松亭タマサート

豚の脳みそのバナナ葉包み蒸し

モックの主素材には魚、豚バラ肉、鶏肉、キノコ、タケノコ、タオという藍藻類など
さまざまな食材が使われ、ここでは豚の脳みそを使ったモックを紹介します。
ラオス全土でよく食べられている豚の脳みそを、掃除してから一口大に切って、
ハーブ類と合わせてからバナナの葉で包んで蒸します。
肉系の主材料、特に豚の脳みそと相性がいいと感じたメボウキを
メインのハーブとして用いました。
白子のようなクリーミーな食感の豚の脳みそに
ハーブとバナナの葉の香りが移り、上品な味わいに仕上がります。

材料（4人分）

レモングラス … 2〜3本
ニンニク … 2〜3片
ガランガル … 1/4個
コブミカンの葉 … 2〜3枚
赤トウガラシ … 1〜2本
もち米※1 … 25g
豚の脳みそ … 4個（約400g）

A	メボウキの葉 … 3本分
	アカワケギ … 5〜6個
	ワケギ … 4〜5本

水 … 50㎖
溶き卵 … 1個分

B	パーデークのタレ（32頁）… 21g
	ナムパー（20頁）… 適量
	塩 … 適量

バナナの葉 … 適量

※1 2時間以上浸水させる

つくり方

❶レモングラスの根から2㎝程度の硬い部分を取り除き、根本からごく薄い小口切りにする。硬い先端4〜5㎝も取り除く。ニンニクは皮をむく。ガランガルは皮をむいて繊維を断ち切る方向に厚さ3㎜の薄切りにする。コブミカンの葉をできる限り細く切る。
❷すり鉢に①と赤トウガラシを硬いものから順に入れ、もち米、少量の水（分量外）を加え、すりこぎでたたきつぶす。
❸ボウルに塩水（分量外）をつくり豚の脳みそを洗う。気になる場合は血や膜を取り除く。
❹ボウルに②、きざんだA、水気をふいて一口大に切った③、水、溶き卵、Bを加えて混ぜ合わせる。
❺④をバナナの葉の中央に置いて包む（包み方は35頁参照）。
❻⑤を蒸し器で20分以上蒸す。

ໝົກໜໍ່ໄມ້
36 モック・ノーマイ ——YuLaLa
タケノコのバナナの葉包み蒸し

モックのバリエーションで、タケノコを主素材として、

相性のいい豚肉を合わせた一品です。

それらをトウガラシと一緒にバナナの葉に包んで蒸し、ピリ辛味に仕上げます。

今回は豚肉が多めの豪華バージョンですが、

豚肉を使わずにシンプルにタケノコだけでつくる場合もあります。

また、具にはあらかじめ火を通していて長時間の加熱をする必要がないので、

炭火で網焼きにすることもありますね。包む前に味見ができるため、

生の状態から蒸すモック・パーに比べて難易度が低く、

好みの材料でアレンジがしやすいです。

材料（2人分）

タケノコ … 150g
キノコ※1 … 20g
豚の挽肉（粗挽き）… 50g

A
　トウガラシ（赤・青）… 好みの量
　ワケギ … 10g
　レモングラス … 1/8本

B
　パーデークのだし（32頁）… 100g
　ナムパー（20頁）… 適量
　ヤーナーン汁※2 … 100㎖

ヒメボウキ … 適量
シソクサ … 適量
カオブア（18頁）… 適量
バナナの葉 … 適量
トウガラシ（赤・青）… 各1本

市販の挽肉やミンサーを使うのではなく、手切りして食感を残すといいでしょう。

※1 今回はヒラタケを使用
※2 ゲーン・ノーマイ（84頁）参照

つくり方

❶アク抜きしたタケノコを薄切りにする。キノコを一口大に切る。
❷鍋に豚の挽肉、①、細かくきざんだA、Bを入れて中火にかけ、水分が少し残る程度まで混ぜながら煮詰める。
❸きざんだヒメボウキとシソクサを加えてひと煮立ちさせる。
❹カオブアを加えてとろみをつける。

カオブアはたっぷり加えることで、米の旨味が全体に行きわたります。

❺④をバナナの葉の中央に置き、トウガラシをのせて包む（包み方は35頁参照）。
❻⑤を蒸し器に入れて5〜10分蒸す。

ອົ່ວປູ
37 ウア・プー —— 小松亭タマサート
淡水ガニの肉詰め

ラオスでよく獲れる淡水ガニに豚のミンチを詰めた一品です。

豚のミンチにはカニのエキスが染み込み、カニの身には豚の旨味がそれぞれ移って、

相乗効果でよりおいしくなります。

ラオスの小ぶりなカニでつくると大変な手間になりますが、

現地では手間を惜しまず好んでつくられる一品です。

最近では詰め物のミンチにオイスターソースを加えることが一般的ですが、

今回はオイスターソースがラオスに伝わる以前のつくり方を想定して使用しませんでした。

材料（3人分）

モクズガニ … 3杯
豚の挽肉 … 300g

A
パーデークのタレ（32頁）… 14g
ナムパー（20頁）… 適量
塩 … 適量
砂糖 … 適量
白コショウ … 適量

レモングラス … 2～3本
ニンニク … 1～2片
赤トウガラシ … 1本
アカワケギ … 4～5個
ワケギ … 1～2本
春雨※1 … 40g

※1 水でもどす

今回はモクズガニを使用しましたが、日本に生息するサワガニを用いても構いません。

つくり方

❶ モクズガニをよく洗い、腹甲を取り除く。背甲をはずし、取り置く。エラ、口器とそれに連なる消化管を取り除く。
❷ ボウルに豚の挽肉を入れ、Aを加えてよく練る。
❸ レモングラスの根元2cmを取り除き、2mm幅の輪切りにする。
❹ すり鉢に③、ニンニク、赤トウガラシを入れ、すりこぎでしっかりたたきつぶす。
❺ ④を②に加えて混ぜる。
❻ アカワケギをみじん切りにする。ワケギ、春雨をきざむ。
❼ ⑥を⑤に加え、混ぜながら粘り気が出るまで練る。
❽ ⑦を①のモクズガニの胴に詰め、背甲でふたをする。
❾ ⑧を蒸し器で20分以上、肉詰めの中心部まで火が入るまで蒸す。

川に棲むカニには肺吸虫の幼生が寄生している可能性が高いので、けっして生食はせず、必ずしっかり火を通してください。また、体液や殻の破片が周囲に飛びちらないように注意してください。

ຢັດທົວສີໃຄ
38 ウア・フアシーカイ —YuLaLa
レモングラスの肉詰め

フアシーカイ (レモングラス) の香りを存分に楽しめる、ルアンパバーン料理の一つ。
北部で特によく使われるヒメボウキとディルを合わせた豚のミンチを、
縦にさいたレモングラスに詰めて蒸してから揚げ焼きにした素朴ながら上品な一品です。
レモングラスは西洋料理のローリエのように、
どんな個性的なハーブにも寄り添える名脇役と言える存在ですが、
この料理では香りの面でも、見た目においても主役と言えます。
レモングラスが高価な日本では贅沢な料理になってしまいますね。
ラオスにはウア (詰めもの) 料理がいろいろあって、レモングラスや前頁のカニのほかに、
タケノコやトマト、ドーク・ケーという花に詰めるバージョンもあります。

材料 (3 人分)

A
┌ ニンニク … 3 g
│ アカワケギ … 7 g
│ レモングラス … 3 g
│ トウガラシ (赤・青) … 好みの分量
│ ヒメボウキ … 適量
│ ディル … 適量
└ ワケギ … 適量

豚の挽肉 … 100 g
タピオカ粉※1 … 2 g
ナムパー (20 頁) … 5 g
レモングラスの根元から 20 ㎝ くらいまでの部分 … 6 本分
サラダ油 … 適量

※1 片栗粉で代用可

つくり方

❶ A を細かくきざむ。
❷ ボウルに①、豚の挽肉、タピオカ粉、ナムパーを入れ、練りながら混ぜ合わせる。
❸ レモングラスをやわらかくなるまで 5 ～ 10 分程度蒸す。
❹ ③の根元とは反対側の先側をひもで結び、つまようじや串を使って縦にさいて舟形に成形する。
❺ ④に②を詰め、豚の挽肉に火が入るまで 5 ～ 10 分程度蒸す。粗熱をとる。
❻ ⑤の表面に溶き卵 (分量外) をぬり、サラダ油を多めに入れたフライパンで軽く焼き色がつくまで全面を揚げ焼きにする。

焼き物

ປີ້ງໄກ່
39 ピン・ガイ —— 小松亭タマサート
ラオス式焼き鳥

鶏一羽を丸ごと使ったラオス流の"焼き鳥"です。
農村では鶏をつぶして家庭でつくることもありますが、
街中には専門の屋台が出ているので、
購入して家でおかずとして食べることが一般的です。
ラオス人は炭火使いが非常に巧みで、
ピン（焼き物）のレベルが高いと感じます。
ラオスでは焦げた肉や魚を見たことがありません。
このピン・ガイも炭でじっくりと乾かすように焼くのがポイントで、
鶏肉をはさんでいる竹が燃えてはいけません。
うまく焼けたピン・ガイは、骨ごとたたき切った際に
骨の中心にある髄にもよく火が通っています。
オイスターソースや粉末のターメリックを使うレシピもありますが、
今回は丸鶏から得られる胆汁を味の一要素として用いました。
胆汁の苦さとパーデークの旨味が炭の香りと合わさり、
こたえられないおいしさです。

39 ピン・ガイ ラオス式焼き鳥

材料（丸鶏1羽分）

丸鶏 … 1羽
レモングラス … 2〜3本
ガランガル … ¼個
コブミカンの葉 … 2〜3枚
赤トウガラシ … 1本

A
塩
砂糖
白コショウ
パーデークのタレ（32頁）
ナムパー（20頁）… 各適量

レモングラス（ハケ用）※1… 1本
パーデークのタレ … 適量

※1 根を切ってたたき、ブラシ状にしてハケとして使う

つくり方

❶鶏を締めて血抜きする。大鍋に70℃の湯を入れ、鶏を浸けて羽をむしる。
❷鶏の腹を包丁でさく。素嚢（餌袋）を破らないように取り除く。消化器官を持って内容物で肉を汚さないように内臓を取り出す。この際に胆汁の入った胆嚢を肝臓から慎重にはずして取り置く。余分な脂と皮を取り除き、水で洗う。

取り出した内臓のうち、心臓、砂肝、肝臓、輸卵管、消化器は別の料理に使います。

❸②の背骨を中心にして両側の肉をまな板に強く押さえつけ、肋骨を折って平らになるように開く。
❹③の足（もみじ）の付け根（踵の関節）に切り込みを入れ、内側に折り曲げる。
❺④の手羽元の関節を折って手羽を伸ばし全体が平らになるようにする。腿やスネなどの肉が厚い部分に切り目を入れ、火を通しやすくする。

❻レモングラスの根元部分2㎝を切り落とし、2㎜幅にきざむ。ガランガルの皮をむき、3㎜幅の薄切りにする。コブミカンの葉はできる限り細くきざむ。

❼❻と赤トウガラシをすり鉢に入れ、すりこぎでたたいてペースト状にする。

❽❺の両面に❼とAをまぶし、②で取り置いた胆嚢の中に入っている胆汁をぬり込む。30分置く。

❾鶏を竹串の間にはさみ入れ、折った足の関節と手羽ごと竹ひごを巻きつけて留める。もう一方も同様に留める。

> 竹串は竹を切って根元をつなげたまま縦に割ってつくります。竹ひごは水に浸けてやわらかくしておきます。

❿炭火をおこし、❾を強火の遠火で1時間ほど焼く。最初は皮側、次に肉側を焼き、以降は何度か面を返して焦げないようにする。脂が落ちて炎が立ったら肉をずらすなどして炎が当たらないようにする。途中、レモングラスのハケでパーデークのタレを何度かぬる。

> 脂を落としながら表面を乾燥させるように焼くのがポイントです。熱と遠赤外線で骨の髄まで火が入るようじっくり焼きます。

ປິ້ງເປັດ

40 ピン・ペット ——小松亭タマサート

焼きアヒル

ラオスの郊外では家禽としてアヒルを飼っている家が珍しくありません。

家庭でつぶした際には何品もの料理になります。

締めるときに取り置いた血や肉はラープになり、骨はスープに仕立てます。

そして頭や首、手羽は焼いて、このピン・ペットにします。

今回はアヒルの代わりに合鴨を使い、きざんだハーブ類やパーデーク、

合鴨の胆汁などを揉み込んで焼き上げました。

シンプルな調味なので、旨味が凝縮した合鴨の味をストレートに楽しむことができます。

現地では特にクチバシや脳、舌が人気部位ですね。

食材を余さずに使うのが、いかにもラオスらしいと感じます。

材料（つくりやすい分量）

合鴨の頭、首、手羽、水かきなど … 1羽分
レモングラス … 2本
ガランガル … 1/5個
コブミカンの葉 … 1〜2枚
A ┃ 塩
　┃ 白コショウ
　┃ パーデークのタレ（32頁）
　┃ ナムパー（20頁）… 各適量
合鴨の胆嚢 … 1羽分

合鴨もアヒルも同じように使えます。脂が少ないものが使いやすいです。

つくり方

❶合鴨の首と頭を分け、頭を縦に割る。

❷合鴨の手羽を手羽先と手羽元に分ける。

❸レモングラスの根元部分2cmを切り落とし、2mm幅にきざむ。ガランガルの皮をむき、3mm幅の薄切りにする。コブミカンの葉はできる限り細くきざむ。

❹❸をすり鉢に入れ、すりこぎでたたいてペースト状にする。

❺❶の首と頭、❷の手羽先と手羽元、合鴨の水かきに❹とAをまぶし、合鴨の胆嚢の中に入っている胆汁をぬり込む。30分おく。

❻炭火をおこし、❺を強火の遠火で30分ほど時間をかけ、面を返しながらじっくり焼く。

ປ້ິງໝູປ່າ
41 ピン・ムーパー ── 小松亭タマサート
焼きイノシシ

ラオスの山野部では野生鳥獣が食用にされ、ムーパー（イノシシ）も食べられています。
家畜の豚よりも高価な食材というイメージが、日本に増して強く浸透していますね。
ここではなかでももっともシンプルな料理を紹介します。
今回は仕入れの関係でアゴ肉を使いましたが、もちろんほかの部位でも構いません。
おすすめは上質な脂が味わえる皮つきバラ肉です。
鶏やアヒルなどのようにパーデークやナムパーを使って調味することもありますが、
今回はイノシシの旨味を味わうために塩と白コショウだけで調味しました。
噛めば噛むほどにイノシシの旨味が口の中に広がっていきます。

材料（2人分）

イノシシ肉※1 … 300g　　　どの部位でもいいですが、脂やゼラ
レモングラス … 1〜2本　　　チンが多い部位が向いています。
コブミカンの葉 … 1〜2枚
ガランガル（厚さ3mmの薄切り）… 2〜3枚
赤トウガラシ … 1本
白コショウ … 適量
塩 … 適量

※1 今回はアゴ肉を使用

つくり方

❶イノシシ肉を適宜に切る。
❷レモングラスの根元部分2cmを切り落とし、2mm幅にきざむ。コブミカン
の葉はできるだけ細くきざむ。
❸②とガランガル、赤トウガラシをすり鉢に入れ、すりこぎでたたいてペー
スト状にする。
❹③を①にまぶす。塩、白コショウをふる。
❺④を竹串の間にはさみ入れて竹ひごで留める（109頁のピン・ガイ参照）。
❻炭火をおこし、⑤を強火の遠火で30分以上かけてじっくり焼く。

ผัดปา

42 パン・パー —— 小松亭タマサート

焼き魚の生野菜巻きとタマリンドソース 香味野菜添え

ラオス流の"焼き魚"であるピン・パーは、レモングラスやコブミカンの葉を詰め、
香りをまとわせて淡水魚を焼いた料理。ラオスでは屋台や食堂でよく見かけます。
これに、タマリンドやライムを合わせて酸味を出した専用のタレ、
チェーオ・パン・パーを添えたものがパン・パーという料理です。
焼き魚の身と好みのハーブ、チェーオ・パン・パーを
キャベツなどの葉物野菜で一緒に巻いて食べます。
カオプン（142頁）を加えてもおいしいですよ。

42 パン・パー　焼き魚の生野菜巻きとタマリンドソース 香味野菜添え

材料（4人分）

〈ピン・パー〉
淡水魚[1] … 1尾
レモングラス … 2〜3本
コブミカンの葉 … 2〜3枚
塩 … 適量

※1 今回はテラピアを使用

〈チェーオ・パン・パー〉
レモングラス … 2本
A ｜ ガランガル（厚さ3mmの薄切り）… 4〜5枚
　 ｜ ニンニク … 2〜3片
　 ｜ 赤トウガラシ … 1〜2本
タマリンド[2] … 30g
B ｜ パーデークのタレ … 14g
　 ｜ ライム果汁 … 適量
　 ｜ ナムパー（20頁）… 適量
　 ｜ 塩 … 適量
　 ｜ 砂糖[3] … 18g
ピーナッツ … 適量
キャップ・ムー（34頁）… 20g

※2 少量の水でふやかしておく
※3 今回はヤシ砂糖を使用

〈仕上げ〉
キャベツ
ディル
スペアミント
コリアンダー
レモングラス（輪切り）
ショウガ（せん切り）
赤トウガラシ（ななめ切り）
ピーナッツ（砕いたもの）… 各適量

つくり方

〈ピン・パー〉
❶淡水魚の鱗を取り、エラをはずす。脇腹に包丁を入れ、内臓を抜く。
水で洗い、水気をしっかりきっておく。

> テラピアやライギョの一種パー・コーの場合は鱗を落とさずに使うこともあります。その場合、脇腹から胆嚢のみを抜き取り、食べる際に皮ごと鱗を取り除きます。コイ科の場合は鱗を取り、体の両面から2mm幅に骨切りして焼くと骨が口に当たりにくいです。

❷レモングラスを包丁の腹でたたき、香りを出す。

❸①の口に②を根元から入れて腹に詰める。引っかかるようならエラから指を入れてレモングラスを押し込む。エラからコブミカンの葉を入れて腹に詰める。

❹③の両面にしっかり塩をふる。尾とヒレには化粧塩をする。

❺炭火をおこし、④を強火の遠火で焼く。途中で適宜面を返し、中心までふっくらと火を入れる。

グリルやオーブンで焼く場合は、魚の水分を
とばすことを意識しながら焼いてください。

〈チェーオ・パン・パー〉

❶レモングラスの根元部分2cmを取り除き、2mm幅に切る。

❷①とAを硬いものから順にすり鉢に入れ、すりこぎでたたいてペースト状にする。

❸漉して種を除いたタマリンドを②に加える。

❹③にBを加えて混ぜ合わせる。

❺④に砕いたピーナッツとキャップ・ムーを加え、混ぜ合わせる。

〈仕上げ〉

ピン・パーを皿に盛り、仕上げの材料すべてと小皿に盛ったチェーオ・パン・パーを添える。

ປີ້ງປານ້ອຍ

43 ピン・パー・ノーイ ── 小松亭タマサート

焼き小魚

日本ではスーパーでも鮮魚店でも、魚は魚種ごとに分けて売られています。

ラオスの市場でも大きな魚種は種類ごとに販売されますが、

小さな魚に関しては特定の高級魚以外はいろいろな種類が混ざった状態で販売されます。

この雑魚は小魚という意味のパー・ノーイと総称され、季節の味として珍重されています。

雑魚の利用は極めてラオスらしいので、今回はそういった文化にならって、

琵琶湖で獲れた小魚を串にはさんで塩焼きにしました。

ラオスでは専業の漁師もいる一方で、村の人々が農作業や仕事の合間に魚を獲り、

自家用にしたり、余剰分を市場で売ったりします。

未利用魚が出てしまう日本とは異なり、漁獲されたものはすべて食用にされるわけです。

食べきれなかったり売れ残ったりした魚も、

ソムパーやパーデークに加工するため無駄がありません。

市場の魚屋で出たアラまでもがパーデークになります。

食材を無駄にしないラオス人の習慣には学ぶことが多いと感じます。

材料（つくりやすい分量）

淡水魚（小魚）… 適量　　魚の種類はなんでも構いません。
塩 … 適量　　　　　　　今回は琵琶湖で獲れた小魚を使い
　　　　　　　　　　　　ました。スゴモロコ、ハス、ウグイ、
　　　　　　　　　　　　アユの4種類が混在してます。

つくり方

❶ 淡水魚に塩をふる。竹串の間にはさみ入れて竹ひごで留める（109頁のピン・ガイ参照）。
❷ 炭火をおこし、強火の遠火で30分程度かけ、表面を焼き固めるイメージで面を返しながらじっくり焼く。

十分に火が入っていない状態で面を返すと、
魚がくずれてしまうので注意しましょう。

ປີ້ງຮ້ວກົບ
44 ピン・ウア・ゴップ ──小松亭タマサート
カエル肉のカエル詰め焼き

ラオスでは大小さまざまな種類のカエルが捕れ、市場でもよく売られています。
日本のトノサマガエルかそれ以上の大きさの種類は「ゴップ」と総称され、
大きいために加工しやすいので重宝されています。
一方でヌマガエルほどの小さな種類は「キャット」と呼ばれます。
今回はウシガエルの胴体に、その腿肉などのミンチを詰めた料理を紹介しました。
より小さな種類を使う場合はウア・プー（102頁）のように
豚のミンチを詰めて焼くこともあります。
カエル自体が上等な地鶏と白身魚を合わせたような上品な味わいですが、
ハーブ類と合わせることでより風味が増します。

材料（2人分）

カエル※1 … 2匹
レモングラス … 1本
コブミカンの葉 … 1枚

A
ニンニク … 1片
アカワケギ … 2個
ガランガル（厚さ3mmの薄切り）… 1枚
赤トウガラシ … 1本

もち米※2 … 小さじ2

B
ディル … 適量
ヒメボウキの葉 … 3〜4枚
ワケギ … 1本

C
パーデークのタレ（32頁）… 14g
ナムパー（20頁）… 適量
塩 … 適量
白コショウ … 適量

※1 今回は重量500g程度の天然ウシガエルを使用
※2 2時間以上浸水させる

つくり方

❶カエルをよく洗い粘膜を落とす。前後の足の先端
と頭を落とし、皮をむく。頭を切ったところから内
臓を取り出す。この際、腹の肉を破らないように気
をつける。

❷①の前足と後足を付け根からはずし、骨を肉か
らはずす。

❸②の肉を包丁でしっかりたたく。少量の塩（分量
外）をふり、さらにたたく。

❹レモングラスの根元部分2cmを取り除き、2mm
幅の輪切りにする。コブミカンの葉はできる限り細
くきざむ。

❺④、きざんだAをすり鉢に入れ、すりこぎでたた
いてペースト状にする。

❻⑤にもち米を加え、すりこぎでたたいて砕き、混
ぜ合わせる。

❼⑥に③、きざんだB、Cを加え、すりこぎでこね
る。適宜、水（分量外）を加えて水分量を調整する。

❽①の胴体に⑦を詰め、竹串の間にはさみ入れて
竹ひごで留める（109頁のピン・ガイ参照）。

❾炭火をおこし、強火の遠火で30分程度、面を返
しながらじっくり焼く。

121

ປີ້ງອົ່ວປາ

45 ピン・ウア・パー —— 小松亭タマサート

魚の香草詰め焼き

ラオスの街中にある屋台でよく見かけるのが、この香草をはさんだ焼き魚です。

今回はラオスでもよく見かけるパー・ケーン（キノボリウオ）を使いました。

コイ科の魚は骨が気になるかもしれませんが、淡白、かつ香りがいいのでおすすめです。

魚を背開きにしてからハーブをのせて中央で折りたたむため、

頭と尾が重なるちょっと奇妙なルックスになりますね。

魚にはさむハーブは、好きなものを使ってカスタマイズしてください。

淡水魚※1 … 2尾
塩 … 適量
パーデークのタレ（32頁）… 適量

今回はキノボリウオを使いましたが、もっと大ぶりの魚のほうが香草をはさみやすいです。

A
| 赤トウガラシ … 1本
| ニンニク … ½片
| レモングラス … 1本
| アカワケギ … 4個
| ガランガル（厚さ3mmの薄切り）　3～4枚
| コブミカンの葉 … 1枚

B
| ディル … 1本
| ワケギ … 1本
| ヒメボウキの葉 … 1本分

ハーブは好みのものを使うといいでしょう。今回はディルとヒメボウキでしたが、スペアミント、メボウキなどを使ってもおいしいです。手に入らなければ、ワケギだけでも構いません。

※1 今回はキノボリウオを使用

つくり方

❶淡水魚の鱗を落とし、背開きにし、中骨をはずす。内臓を取り除き、身を流水で洗う。
❷①の水気をしっかりきり、塩をふる。パーデークのタレをぬる。
❸すり鉢にきざんだAを硬いものから順に入れ、すりこぎでたたきつぶしてペースト状にする。
❹②に③、きざんだBをのせ、頭と尾が重なるように折りたたむ。表面に塩をふる。
❺④を竹串の間にはさみ入れて竹ひごで留める（109頁のピン・ガイ参照）。炭火をおこし、強火の遠火で30分程度かけ、面を返しながらじっくり焼く。

ຊີ້ນກວາງແຫ້ງ
46 シーングアン・ヘーン ——YuLaLa
鹿の干し肉

グアン（鹿）のジャーキーで、鹿のほか、牛や水牛の肉でもつくります。

パーデークのタレとともにハーブを揉み込んだ鹿肉を数日干して乾燥させて仕込みます。

そのままでも十分おいしいですし、ガランガルのチェーオ（レシピのみ掲載）につけて

食べるといっそう味が引き立つので、ぜひ試してみてください。

干し肉はオ・ラーム（74頁）に加えても、旨味が増して非常においしくなります。

地方の町ではおかずとしても、お酒のアテとしても重宝される保存食です。

今でもよく家の軒先に吊るされているのを見かけますね。

材料（つくりやすい分量）

鹿の腿肉 … 1kg

A ｜ ショウガ … 10g
　 ｜ ガランガル … 10g
　 ｜ レモングラス … 10g

パーデークのタレ（32頁）… 5g
レモングラス … 適量
コブミカンの葉 … 適量
サラダ油 … … 適量
粗挽きトウガラシ（33頁）… 適量

〈ガランガルのチェーオ〉

A ｜ ガランガル … 10g
　 ｜ ニンニク … 5g
　 ｜ トウガラシ（赤・青）… 各1本
　 ｜ レモングラス … 5g
　 ｜ 砂糖 … 適量

B ｜ パーデークのタレ … 30g
　 ｜ ナムパー … 10g
　 ｜ ライム果汁 … 適量

つくり方

❶鹿の腿肉を厚さ3cm程度に切る。
❷すり鉢に適宜に切ったAを入れ、すりこぎでたたき和える。
❸②にパーデークのタレを加えて混ぜ合わせる。
❹①と③を合わせ、鹿の腿肉に香草類を揉み込む。
❺④を1〜2日吊るして陰干しし、水分をとばす。
❻表面が黒色になってしっかりと乾いたら適宜の大きさに切り分ける。
冷蔵もしくは冷凍で保存する。
❼⑥を直火で炙る。

油で揚げても構いません。

❽細切りにしたレモングラスとコブミカンの葉をサラダ油で揚げる。
❾⑦を食べやすい大きさに切って器に盛り、⑧をのせる。粗挽きトウ
ガラシをちらす。

〈ガランガルのチェーオ〉
Aをたたき和えてから、Bで調味する。

ໄສ້ອົ່ວ

47 サイ・ウア ——YuLaLa

豚肉の腸詰

タイも含めたラオス周辺で食べられる香草を効かせた腸詰。

スパイシーで辛味も強く、ビアラーオ（ラオスのビール）を始めとする

ラオスのお酒のおともに最高です。

主素材は豚肉ですが、つなぎとしてもち米を加えるのが決まり。

レモングラス、ディル、コブミカンの葉といったハーブを手切りにしてケチらずたっぷり

練りこむことで、一口一口噛みしめるごとに口の中に広がる香りを楽しむことができます。

付け合わせとしてチェーオ・マークレン（36頁）を添えてもいいでしょう。

材料（1本100g×16本分）

A
| レモングラス … 40g
| コブミカンの葉 … 10枚
| ディル … 20g
| コリアンダー … 15g
| ニンニク … 40g
| アカワケギ … 80g
| ワケギ … 20g

B
| 豚の挽肉 … 1kg
| 蒸したもち米 … 300g
| 粗挽きトウガラシ（33頁）… 18g
| トウガラシの香味ペースト（33頁）… 50g
| ナムパー（20頁）… 60g
| パーデークのタレ（32頁）… 40g
| シーイウ・カーオ（32頁）… 20g
| 黒コショウ … 2g

豚の腸（直径34～36mmのもの）※1 … 約140cm
コリアンダー … 適量

※1 水でもどす

つくり方

❶Aを細かくきざむ。

フード・プロセッサーなどで均一に細かくするよりも、ハーブ
の味がしっかり感じられる手切りがおすすめです。

❷ボウルに①とBを合わせ、しっかり練る。冷蔵庫に入れ、しばらくやすませる。
❸ソーセージメーカーなどを使い、豚の腸に②を詰め、適宜の長さに縛る。

ラオスでは半分に切ったペットボトルを使って豚の腸にミンチを詰める方法をよ
く見かけます。また、長期保存をする場合は、このあと吊るして陰干しし、水分
が抜けるまで1～2日干してから冷蔵庫か冷凍庫で保存するといいでしょう。

❹③をフライパンに入れ、中心まで火が通り表面に焼き色がつくまでじっくりと両面を焼く。

焼く前に蒸し器で中心まで火を入れると、生焼けに
なったり皮が破れたりするのを防げます。

❺④を適宜の厚さのななめ切りにして皿に盛り、コリアンダーを添える。

炒め物・揚げ物

ຂົ້ວໄຂ່ໃສ່ສົ້ມຜັກ
48 クア・カイ・サイ・ソムパク ——YuLaLa
発酵青菜、豚肉、玉子の炒め物

ソムパク（発酵青菜）の酸味と発酵香が楽しめる飽きのこない家庭料理です。

ソムパクのクア（炒め物）は青トウガラシのさわやかな辛味をピリッと効かせるのがポイントで、

青トウガラシと相性のいいショウガやレモングラスを組み合わせて、

玉子でまろやかに味をまとめるイメージです。

ソムパクは、細切りにしたショウガやコリアンダーと和えたり、豚肉と煮込んだりもします。

ラオスの市場の専門店には浅漬けと古漬けが並べて売られていて、

和え物や炒め物には前者、煮物には後者が好んで使われます。

材料（2人分）

ニンニク … 10g
ショウガ … 5g
レモングラス … 1/6本
青トウガラシ … 好みの量
サラダ油 … 適量　　今回は豚肉を使いましたが、
豚の挽肉 … 80g　　鶏肉でも構いません。
発酵青菜（27頁）… 100g
コリアンダー … 適量
ワケギ … 適量
溶き卵 … 2個分
ナムパー（20頁）… 適量

つくり方

❶ニンニク、ショウガをみじん切りにする。レモングラス
と青トウガラシを薄い小口切りにする。
❷フライパンにサラダ油を引き、①と豚の挽肉を炒める。
❸②の豚の挽肉に火が入ったら、食べやすい大きさに切っ
た発酵青菜を加え、炒め合わせる。
❹③にちぎったコリアンダー、きざんだワケギ、溶き卵を
加えてさっと炒める。ナムパーで調味する。

ຂົ້ວໝາກບວບໃສ່ຊີ້ນໄກ່

49 クア・マークブアップ・サイ・ガイ——YuLaLa

ヘチマと鶏肉の炒め物

日本では珍しいマークブアップ（ヘチマ）に、
鉄板の組み合わせとも言えるニンニク、レモングラス、ショウガ、トウガラシを
合わせて手早く炒めて仕上げます。
水分を多く含むヘチマは火を通すととろんとしたやわらかな食感になります。
その青みとほのかな土っぽさを含むまろやかな味わいは
オイスターソースのコクや旨味と親和性がとても高く、
中華の香りを感じさせるこの一品はヘチマ料理の最適解ではないかと思っています。

材料（2人分）

ヘチマ… 2本（中サイズ）
鶏の腿肉… 100g
ニンニク… 10g
トウガラシ（赤・青）… 好みの量
ショウガ… 5g
レモングラス… 1/4本
オイスターソース… 10g
ナムパー（20頁）… 適量

つくり方

❶ヘチマの皮をむき、幅1cm程度の輪切りにする。鶏の腿肉は小さめの一口大にカットしておく。
❷ニンニク、トウガラシを細かくきざむ。ショウガを細切りにし、レモングラスを薄い小口切りにする。
❸フライパンに油（分量外）を引き、中火で②を炒める。
❹③の香りが立ってきたら、①の鶏肉を入れる。鶏肉に火が通ったら①のヘチマを加えて強火でさらに炒める。

ヘチマは加熱すると水分が出やすいので手早く炒めてください。

❺オイスターソースを加えて混ぜ合わせ、ナムパーで調味する。

ຫອດຕັກກະແຕນ

50 トート・タカテーン ——小松亭タマサート

レモングラスとコブミカン風味のイナゴ揚げ

ラオスでは平地や山地に関係なく全土で昆虫をよく食べます。

よく「昆虫は貴重なタンパク源」という表現が見られますが、

個人的には、味がいいのでラオスの人はわざわざ捕まえて食べていると考えています。

天然ものの昆虫はとにかくおいしいのです。

ここでは、天然のイナゴなどのバッタ類を使い、

レモングラスとコブミカンの葉の香りを移した油でこうばしく揚げた料理を紹介します。

下処理をほどこしたイナゴは雑味がいっさいなく、

甲殻類のようなこうばしさに加えて大地に生える草のような凝縮した旨味が感じられます。

材料（2人分）

直翅目（バッタ）であればなんでも構いません。ほかの昆虫も同様に調理できます。今回は前日にイナゴを捕まえて生きた状態で調理しました。冷凍ものも販売されていますが、こちらのほうが断然おいしいです。

イナゴ … 30匹
植物油 … 適量
レモングラス … 2本
コブミカンの葉（葉軸ははずす）… 6〜7枚

A | 塩
　| ナムパー（20頁）
　| 砂糖 … 各適量

つくり方

❶イナゴは穴の開いたペットボトルなどに一晩入れて、糞出しをしておく。水でよく洗い、糞やゴミを取り除く。

❷①の水気をきり、後脚と羽をちぎり取る。

調理前に冷凍庫に入れると仮死
状態になって扱いやすいです。

❸鍋に植物油を入れ、170℃に熱する。幅2mmのななめ切りにしたレモングラスを入れて揚げる。

❹③のレモングラスの端が茶色くなってきたらコブミカンの葉を加えて数秒揚げる。レモングラスとコブミカンの葉を取り出し、油をきる。

❺レモングラスとコブミカンの香りが移った④の鍋の油で②を揚げる。

❻別のフライパンを火にかけて⑤の油を熱し、④と⑤をさっと炒める。Aで調味する。

麺料理

ເຂົ້າປຽກເສັ້ນ
51 カオピヤック・セン ——YuLaLa
タピオカ粉と米粉の鶏スープ麺

ラオスを代表する麺料理。

全土で食べられ、町中のいたるところに専門店があります。

鶏や豚ベースのあっさりとしたスープと、

モチモチとした弾力のある食感の麺が特徴で、

特に朝食として人気ですね。

フレッシュなライムを搾り入れると、スープにシャープな輪郭ができて

やさしい味わいがさらに際立ちます。

今回のスープは鶏ベースなので、カオピヤックにのせる辣油である

ナー・カオピヤックは鶏油でつくっていますが、

豚ベースのスープならラードでつくるといいでしょう。

麺をゆでる際に打ち粉に使った米粉が溶けて、

米の旨味ととろみが出ているゆで汁を

鶏のスープと合わせることで、

スープが麺にからんでいっそうおいしくなります。

付け合わせに下の写真のカオコープ（19頁）を添えることもあり、

スープに割り入れて浸してから食べるとおいしいです。

51 カオピヤック・セン タピオカ粉と米粉の鶏スープ麺

材　料

米粉とタピオカ粉を合わせてつくるカオピヤック用の麺は
手に入りにくいので、ぜひ自家製してみてください。

〈麺〉（2人分）
A｜米粉 … 100g
　｜タピオカ粉 … 90g
　｜塩 … 3g
　熱湯 … 約110㎖

〈ナー・カオピヤック〉（10人分）
揚げニンニク（34頁）… 5g
粗挽きトウガラシ（33頁）… 20g
鶏油（34頁）… 50g

揚げニンニク、粗挽きトウガラシ、
鶏油の割合がおよそ1：4：10にな
るように分量を調整してください。

〈仕上げ〉（1人分）
スープをとった鶏の腿肉 … 30g
麺 … 150g
鶏のスープ（33頁）… 200㎖
モヤシ … 適量
B｜ナムパー（20頁）
　｜塩
　｜砂糖 … 各適量
ワケギ … 適量
コリアンダー … 適量
揚げニンニク … 適量
揚げタマネギ（34頁）… 適量
黒コショウ … 適量
ライム … 適量

つくり方

〈麺〉
❶ボウルにAを入れ、よく混ぜ合わせる。
❷①に熱湯を加え、生地の表面がなめらかになるまで練り合わせる。二等分
してまるめておく。
❸打ち粉（分量外）をしたまな板に②の生地を置き、麺棒で厚さ3㎜程度に
伸ばす。3㎜幅にカットする。麺同士がくっつかないようにさらに打ち粉をま
ぶしておく。

〈ナー・カオピヤック〉
❶ボウルに揚げニンニク、粗挽きトウガラシを合わせ、つくりたての熱い鶏
油をかける。粗挽きトウガラシが焦げないように注意しながら混ぜ合わせる。
❷①の粗挽きトウガラシが焦げる直前に氷水に当てて冷ます。

〈仕上げ〉
❶鶏のスープをとるときに使った鶏の腿肉を取り出し、食べやすいようにさく。
❷沸騰させたたっぷりの湯で麺を1〜1分半ゆでる。
❸小鍋に鶏のスープを入れ、②の麺のゆで汁200mlで倍量にのばし、火にかける。
❹③にモヤシを入れ、Bで調味する。
❺器に湯をきった②を入れ、④のスープをモヤシと一緒にそそぐ。
❻⑤に①、きざんだワケギとコリアンダー、揚げニンニク、揚げタマネギをのせ、黒コショウをふる。
❼⑥にナー・カオピヤックとくし切りにしたライムを添える。

ライムを搾り入れる前提なので、味つけはあまり濃くしないように。

ເຂົ້າຊອຍ

52 カオソーイ ——YuLaLa

豚スープの肉みそ麺

ラオス北部を代表する麺料理が、このカオソーイです。

同じ名前であるタイ北部名物のカオソーイとはまったくの別物。

タイのカオソーイがココナッツミルクベースのカレー風味であるのに対し、

こちらは豚のスープがベースで

ナー・カオソーイ（カオソーイにのせるもの）と呼ばれる肉味噌がのっています。

そしてこの肉味噌に欠かせないのがトゥアナオ（21頁）と呼ばれる"納豆"です。

肉味噌からは日本人にはおなじみのあの香りがただよい、

どこか懐かしいような心持ちがするかもしれません。

なお現地では、付け合わせにはハーブだけでなく、サラダ菜やモヤシ、

ルアンパバーン特産のパクナム（クレソン）などが出てきます。

「ルアク・ダイ・ボー？」（ゆでてくれますか？）と伝えると、

寸胴のスープかお湯でさっと湯通ししてくれますよ。

材料

〈ナー・カオソーイ〉（10人分）
サラダ油 … 適量
ニンニク … 10g
タマネギ … 50g
トゥアナオ（21頁）… 50g
粗挽きトウガラシ（33頁）… 10g
トマト … 200g
豚の挽肉 … 250g
ナムパー（20頁）… 適量
塩 … 適量

〈仕上げ〉（1人分）
スープをとった豚の肩ロース肉 … 30g
豚のスープ（33頁）… 400㎖
米粉の平打ち麺（乾麺）… 50g
モヤシ … 適量
B　ナムパー
　　塩
　　砂糖 … 各適量
コリアンダー
ワケギ
揚げニンニク（34頁）
揚げタマネギ（34頁）… 各適量

現地では生の米麺を用いますが、日本では手に入りにくいので、ベトナムやタイの平打ち米粉乾麺で代用可です。今回はタイのセンヤイ（10㎜幅）を使っています。

つくり方

〈ナー・カオソーイ〉
❶フライパンに多めのサラダ油を引き、みじん切りにしたニンニクとタマネギを茶色に色づくまで弱火で炒める。
❷トゥアナオを加え、こうばしい香りが立つまで炒める。

トゥアナオは生のタイプならそのまま、乾燥したせんべい状のものであればきざんでから使ってください。

❸粗挽きトウガラシを加え、焦げないように注意しながら弱火で炒める。
❹ざく切りにしたトマト、豚の挽肉を加え、火が通るまで炒める。
❺ナムパー、塩を加えて調味する。

〈仕上げ〉
❶豚のスープをとるときに使った豚の肩ロース肉を取り出し、薄切りにする。
❷小鍋に豚のスープを入れて温める。
❸水でもどして水をきった麺、モヤシを加えて煮る。Bを加えて調味する。
❹器に盛り、ナー・カオソーイ、①、きざんだコリアンダーとワケギ、揚げニンニク、揚げタマネギをのせる。

ເຂົ້າປຸ້ນນ້ຳກະທິ

53 カオプン・ナムカティ ──YuLaLa

ココナッツスープ和え麺

タム・カオプン（66頁）でも使ったカオプンは米粉の押し出し式細麺のことで、
ベトナムのブンに近いものと考えていいでしょう。
「ナム」はスープで、「カティ」はココナッツミルク。
ですから「ココナッツミルクスープの（かかった）米粉細麺」ということですね。
添えてあるハーブや野菜類を麺の器に入れて混ぜて一緒に食べるスタイルで、
味の調和が楽しめます。
今回は鶏を用いてつくりましたが、魚や豚肉を使うこともあります。
いずれにしてもラオス料理ではココナッツミルクを使うことはあまりないので、
この麺料理は特別な存在。
ベースのココナッツスープを仕込んで野菜を切って並べておけば、
各々が好きな量だけセルフサービスで取り分けて食べられるので、
大人数の宴席や結婚式などのお祝いの場で提供されたりもします。
現地では麺は冷めていることが普通で、
加える野菜も生なのでスープがぬるくなってしまうのが
日本人の感覚としては少し残念に思えますが、それでもおいしいですよ。

53 カオプン・ナムカティ ココナッツスープ和え麺

材料 (2人分)

A
| ニンニク … 10g
| アカワケギ … 10g
| ガランガル … 5g
| コブミカンの葉 … 4枚
サラダ油 … 30g
粗挽きトウガラシ (33頁) … 5g
鶏のスープ (33頁)[※1] … 600mℓ
鶏の腿肉 (骨つき) … 200g
鴨血の豆腐[※2] … 20g
| ココナッツミルク … 60g
| カピ (20頁) … 3g
B | パーデークのタレ (32頁) … 10g
| ナムパー (20頁) … 適量
| 砂糖 … 適量　　　　　　ベトナムのブンで代用が可能です。
米粉の細麺 (乾麺) … 100g
ハーブ・野菜類 (サラダ菜、大葉、スペアミント、メボウキ、バナナの花、
キュウリ、キャベツ、インゲン、ライム) … 適量

※1 水でも可
※2 鴨の血を豆腐のように固めたもの。今回はベトナム産を使用

つくり方

❶すり鉢にAを適宜に切って入れ、ペースト状になるまですりこぎでたたき和える。
❷鍋にサラダ油を熱し、粗挽きトウガラシを弱火で炒めて香りと色を油に移す。
❸②に鶏のスープを加えて沸かす。
❹ぶつ切りにした鶏の腿肉、一口大に切った鴨血の豆腐を入れる。
❺Bを加えて調味し、鶏の腿肉に火が入るまで弱火で煮込む。
❻たっぷりの湯で麺をゆでる (製品に記載されたゆで時間)。
❼器に水気をきった⑥を入れ、⑤の鶏の腿肉と鴨血の豆腐をのせて煮汁をまわしかける。
❽⑦に別皿に盛ったハーブ・野菜類を添える。

ເຂົ້າປຸ້ນນ້ຳຊີ້ນ

54 カオプン・ナムシーン ——YuLaLa

タケノコ入り牛肉和え麺

カオプン・ナムカティ（140頁）と同じく、カオプンを使った麺料理の一つ。
こちらは牛スープがベースで、普段の昼ご飯に食べるイメージが強いですね。
パーデークやカピで調味したスープは、そのままだとややクセのある香りですが、
メボウキやスペアミントといった付け合わせのハーブ類を
ちぎって加えると嘘のように香りが調和します。
それらをたっぷりからめた麺を口に運ぶと、
タケノコやトマトなどの具材の風味も重なり合って、
まるでにぎやかな宴会のような楽しい味わいが感じられますよ。

材料（2人分）

A ┃ レモングラス
 ┃ ガランガル
 ┃ コブミカンの葉 … 各適量
ナムパー（20頁）… 適量
牛の横隔膜（ハラミ）[※1]…150g

B ┃ レモングラス … 10g
 ┃ ニンニク … 10g
 ┃ アカワケギ … 10g
 ┃ ガランガル … 5g
 ┃ コブミカンの葉 … 2枚
サラダ油 … 10g
粗挽きトウガラシ（33頁）… 3g
タケノコ … 50g
トマト … 1/2個
パーデークのタレ（32頁）… 10g
カピ（20頁）… 3g
米粉の細麺（乾麺）… 100g　　ベトナムのブンで代用が可能です。
ハーブ・野菜類（サラダ菜、大葉、スペアミント、メボウキ、
バナナの花、キュウリ、キャベツ、インゲン、ライム）… 適量

※1 スジ肉でも可

つくり方

❶適宜に切ったAとナムパー、塩を加えた湯約800㎖（分量外）で牛の
横隔膜をゆで、アクを引く。ゆで汁は取り置く。
❷Bを適宜に切ってすり鉢に入れ、すりこぎでたたいてペースト状にする。
❸鍋にサラダ油を熱し、粗挽きトウガラシを焦げないように炒めて香りと
色を油に移す。
❹③に②を加えて炒める。
❺④に細切りにしたタケノコ、ざく切りにしたトマトを順に加え、①で取
り置いたゆで汁を入れる。
❻⑤が沸騰したら火を弱め、パーデークのタレ、カピを加えて調味する。
❼たっぷりの湯で麺をゆでる（製品に記載されたゆで時間）。
❽器に湯をきった⑦を入れ、①の牛の横隔膜を薄切りにしてのせる。⑥
のスープをそそぐ。
❾⑧に別皿に盛ったハーブ・野菜類を添える。

ເຝີ້ວ
55 フー・グア ——YuLaLa
牛スープの細麺

フーは米粉の切り麺で、グアは牛です。
香味野菜と牛のスジ肉のスープで、ほんのりレアに火を通した牛肉の薄切りと
ルーク・シーン（肉団子）、鴨血の豆腐が具材になります。
たいていの麺料理で出される葉野菜とハーブの盛り合わせ以外に
チェーオ・トゥアディン（ピーナッツのチェーオ）も
必ずついてくるので食べごたえ十分です。
この料理は自由度が高く、いろんな食べ方ができるのも魅力です。
それぞれの具材は麺と一緒に食べてもいいですが、
ピーナッツのチェーオをつけてハーブと一緒にサラダ菜に包んで味わってもいいし、
逆にピーナッツのチェーオをスープに溶かして味に変化をつけてもおいしいですよ。
ルーク・シーンは素揚げにして赤トウガラシベースの甘辛いソースにつけて食べる
ストリートスナックとしても売られていて、若者たちに大人気です。

55 フー・グア 牛スープの細麺

材 料

〈牛のスープ〉（約1ℓ分）
水…1.5ℓ
牛のスジ肉…300g

A
ニンニク
ショウガ
ネギの青い部分
タマネギ
根菜※1
コリアンダーの根…各適量

ナムパー（20頁）…適量

※1 ニンジンやダイコンなどを好みのものを使用

〈ルーク・シーン〉（15g×約15個分）

B
タピオカ粉…12g
重曹…2g
ニンニク（すりおろし）…3g
塩…1g
砂糖…少量
ナムパー…2g
白コショウ…1g

氷水…16g
豚の腿肉…200g

〈チェーオ・トゥアディン〉（約4人分）
サラダ油…20g
粉トウガラシ…好みの量
ピーナッツ…20g
揚げニンニク（34頁）…10g
ココナッツミルク…30g

C
塩
砂糖
ナムパー…各適量

〈仕上げ〉（1人分）
米粉麺（乾麺）…80g　ベトナムのフォーでも代用が可能です。
鴨血の豆腐※2…20g

D
塩
砂糖
ナムパー…各適量

牛の赤身肉…30g
ワケギ…適量
ハーブ・野菜類（サラダ菜、コリアンダー、ノコギリコリアンダー、
インゲン、ライム、ベトナムバジルなど）…適量

※2 鴨の血を豆腐のように固めたもの。今回はベトナム産を使用

〈牛のスープ〉
鍋に水を入れて沸かし、牛のスジ肉、適宜に切ったＡ、ナムパーを入れて弱火で
２時間程度加熱する。牛のスジ肉は取り置く。

〈ルーク・シーン〉
❶ボウルにＢを合わせ、氷水で溶く。
❷サイコロ状に切った豚の腿肉を①と一緒にフード・プロセッサーにかける。
❸②を直径３㎝程度の球状にまるめ、中心に火が入るまでゆでる。冷水（分量外）
に取る。

〈チェーオ・トゥアディン〉
❶鍋にサラダ油を熱し、粉トウガラシを加えて弱火で炒める。
❷細かく砕いたピーナッツと揚げニンニクを加え、さらに炒める。
❸ココナッツミルクを加え、Ｃで調味する。

〈仕上げ〉
❶たっぷりの湯で麺をゆで（製品に記載されたゆで時間）、湯をきって器に盛る。
❷小鍋に牛のスープ400㎖を入れ、一口大に切った鴨血の豆腐、ルーク・シーン
２個を加えてひと煮立ちさせアクを引く。
❸②にＤを加えて調味する。
❹③にそぎ切りにした牛の赤身肉を入れ、ほんのり赤みが残る程度に火が入った
ところで火を止める。
❺①に④のスープをそそぎ、具材をのせる。取り置いた牛のスジ肉を適宜の大き
さにカットしてのせ、きざんだワケギをちらす。
❻⑤にハーブ・野菜類とチェーオ・トゥアディンを別皿に盛って添える。

菓子・デザート

นำหวาน

56 ナム・ワーン ——YuLaLa

ココナッツぜんざい

「ラオス版ぜんざい」とも言えるデザートです。

ココナッツミルクとシロップの甘いスープに

好きな具材をチョイスして入れて食べます。

今回は定番のカボチャとバナナにタピオカとハトムギを加えました。

現地の屋台では甘く煮たレンコンやタロイモ、カラフルなアガーゼリーなど

いろいろな具材が並んでいて選ぶのがとても楽しいです。

特にレンコンはこのデザートに使う食材として現地で認識されているので、

日本では煮物などのおかずにしてご飯と食べると伝えると驚かれます。

街中にはリヤカーを改造したようなナム・ワーンの専門屋台が出ていて、

子供から大人までみんな大好きなローカルデザートです。

材料（4人分）

カボチャ … 80g
バナナ … 80g
タピオカ … 12g
ハトムギ … 12g

A
| ココナッツミルク … 160g
| シロップ※1 … 200g
| 練乳 … 40g

ココナッツロング … 適量

※1 キビ砂糖と水を同割で合わせ、ひと煮立ちさせたもの

ココナッツミルクの代わりに
ココナッツクリームを使うと、
より濃厚な味わいになります。

練乳を入れない場合もありますが、加えた
方が深みとコクのある甘さになります。

つくり方

❶鍋に湯を沸かし、その10％量の砂糖（分量外）を加え、一口大に切ったカボチャを入れて、やわらかくなるまで煮る。

❷①のカボチャの粗熱をとり、冷蔵庫に入れて冷やす。

❸①、②と同様に一口大に切ったバナナを煮て冷やす。

❹鍋に湯を沸かし、タピオカを火が通るまで煮る。タピオカを冷ましてシロップ（分量外）に浸ける。

❺ハトムギを水から火が通るまで弱火で煮る。ハトムギを冷ましてシロップ（分量外）に浸ける。

❻ココナッツロングをきつね色になるまで乾煎りする。

❼ボウルにAを合わせる。

❽器に②、③、④、⑤を入れ、⑦をそそぎ、⑥をのせる。

ເຂົ້າຕົ້ມ

57 カオ・トム ——YuLaLa

バナナ入りちまき

ココナッツミルクで炊いたもち米とカットしたバナナを
バナナの葉で包んで蒸した素朴なスイーツです。
カオは米、トムは煮る（ゆでる）という意味ですが、
実際には蒸してつくるのが一般的です。
おやつとして、家庭でつくったり屋台で売られたりする一方で、
結婚や新築祝い、出産など折々の祝いごとの際の振る舞い菓子として、
また托鉢僧への喜捨用として、昔から親しまれる伝統的な蒸し菓子でもありますね。
バナナの葉の芳潤な香りが広がり、
なかのバナナの甘味とココナッツミルクの風味も増すので、
軽く炙って食べるのがおすすめです。

材料（4人分）

もち米 … 150g
塩 … 少量
砂糖 … 45g
ココナッツミルク … 120g
生のパンダンリーフ（10cm四方）… 2枚
バナナの葉（15×25cm）… 4枚
バナナ … 2本

　甘さに加えて酸味もあるモンキー
　バナナがおすすめです。

つくり方

❶もち米を2時間程度浸水する。ザルにあけ、水をきる。
❷鍋に①、塩、砂糖、ココナッツミルク、パンダンリーフを加え、リゾットのような状態になるまで中火で5〜10分程度煮る。
❸バナナの葉をさっと炙る。
❹②と食べやすい大きさに切ったバナナを③で包み、竹ひごで縛る。
❺蒸し器で30〜40分蒸す。冷まして保存する。

ເຂົ້າຫຼາມ

58 カオ・ラーム ——小松亭タマサート

もち米のココナッツミルク竹筒蒸し

ラオスの定番のおやつです。

普段は主食として食べるもち米をココナッツミルクで

炊いたものなのですが、容器に青竹を用いるのがポイントです。

ほんのり甘いもち米に青竹のさわやかな香りが移るだけでなく、

青竹の内側の薄皮がもち米にくっついて、

パリパリとこうばしく食べられます。

炭火のそばに立てかけて、でき上がるのをのんびり待つのがラオス流。

屋台でも、焦げた外皮を取り除いた状態で売られています。

材料（つくりやすい分量）

もち米 … 2合

A
｜ ココナッツミルク … 250g
｜ 砂糖 … 36g
｜ 水 … 250㎖
｜ 塩 … 適量
青竹の筒 … 適量

つくり方

❶もち米をといで2時間以上浸水してからザルにあける。

❷ボウルに①とAを合わせる。

❸青竹の筒に②を詰める。バナナの葉（分量外）をまるめて
栓にし、竹筒にきつく詰めて封をする。

> 竹筒は、青竹を切ってつくります。筒の上側
> になる部分は節の直下の位置で切り、下側に
> なる部分は節から数センチ下で切ります。

❹③を炭火の近くに立てかけ、ときどき回転させて火が当たる
面を変えながら20～30分程度加熱する。

❺黒く焼けた竹筒の外側をナタでそぎ落とす。栓を取り、竹
筒を半分に割って中身を取り出す。

ラオスの
食にまつわる
コラム

Column 1

ラオスの"タマサート"な食材について

小松 聖児

　「タマサート」という言葉をご存じだろうか。ラオス語ではກຳມະຊາດと表記され、日本語の訳語は「①自然 ②天然のもの」となる。タマサートはラオス料理を理解する上で非常に重要な概念であり、ラオス料理はタマサートが基本と言ってもいい。ここではラオスにおけるタマサートについて説明していきたい。

　タマサートは日常の会話でもよく登場する。緑が美しい山や、滔々<ruby>滔々<rt>とうとう</rt></ruby>と流れる川を見たときにラオス人は「タマサートがきれいだ」と言う。ここではタマサートは自然や自然の景色という意味で使われている。一方で、市場の生鮮食品売り場では買い物客が「この魚はタマサートか？」と尋ねたり、売り手が「このカエルは田んぼで獲れたタマサートだよ」などと売り文句にしたりする。ここでのタマサートは、「養殖ではなく天然もの」という意味だ。また天然ものに限らず、農薬や化学薬品を使っていない農作物にも使用されることがある。オーガニックに似ているが、より広い意味で捉えられるものだ。

　ラオスではタマサートな食材の地位が高く、タマサートはよいものという考えが浸透している。ラオス人は食を大切にしていて、私の個人的感想としては平均的な日本人よりも食や食材へのこだわりが強い。養殖のテラピアよりもメコン川の天然魚を、ブロイラーよりも自然に近い放し飼いの鶏を好む。これは日本で言う"フーディー"のような一部の人に留まらない。ごく普通の市井の人も「魚は天然に限る。養殖魚はケミカルが入っていて脂が臭くておいしくない」「街のブロイラーは臭くて食べたくない。地元の放し飼いの鶏が恋しい」という話をよくする。

　また、心情的な価値だけではなく、貨幣経済的な価格も高い。市場において天然魚やジビエ、天然昆虫などは、養殖魚、家畜、養殖昆虫よりも2倍近く価格が高い。ラオスはほとんどが農村なので、タマサートな食材が日常の食事の糧として重要であるのみならず、換金商品としても価値が大きい。農作業の合間に、もしくは子供が遊びながら獲った少量の天然ものの昆虫、カエル、キノコ、雑魚などは村の「仲買人」(たいがいは女性)に集荷され、さらに近辺の村から荷物を集める元締めに集められ、乗り合いバスで都市部の市場に運ばれて流通する。このように、都市部の人も都市にいながら季節ごとの天然ものを楽しめる流通の仕組みができている。

　2023年に訪れたラオス南部の高地パークソンの市場では、山で獲れたヤマアラシが売られていた。価格はkg当たり130000KIP(約923円。2024年1月時点、以下同)で、1頭10kgほどあったので販売価格は1300000KIP(約9230円)となる。参考までに、豚肉はkg当たり60000KIP(約426円)であった。

農作業の合間に獲れる雑魚もけっして馬鹿にはできない。雑魚はパー・ノーイ（小魚）と総称され、コイやモックにして自家消費したり、市場で売られたりする。200g程度の雑魚の盛り合わせは、市場では約30000KIP（約213円）で売られている。kg当たりに換算すると約1065円で、ラオスでは高級品と言っていい。

これらはほんの一例に過ぎないが、タマサートな食材が豊富であることは、食料面だけではなく、経済的な安全保障の面でも非常に重要なのである。ラオスはアジア最貧国の一つと言われるが、飢餓はないと言われている。これはタマサートが豊富であることが大きい。極端な表現をすれば、ラオス人はタマサートがあれば生きていけるのである。

雨季の雑魚売り場。

最初に言った通り、タマサートはラオス料理の根幹である。森ではキノコやタケノコ（ラオスには数十種の竹があり、年中何かしらのタケノコが採れる）、果実、食用の樹木の若葉、山菜、野鳥、獣が得られる。さらに煮炊きに必要な薪炭材や薬用植物が得られる。メコン川やその支流、それに連なる水路や湿地や水田からは、淡水魚、カエル、昆虫、ヘビ、亀、カニ、エビ、貝類、半野生の香草や野菜類が得られる。ここに平地の天水田や山の焼畑のもち米（カオニヤオ）が加わると、ラオス料理の基本のスタイルである「カオニヤオ＋おかず」が生まれる。

私が学生時代に泊まらせてもらったサワンナケート郊外のメコン漁師の家での朝ご飯は忘れられない。早朝からの漁に同行して網籠の魚を回収し、船を岸に着けてから家に帰るまでのおよそ300mの道のりのなかで、青いパパイヤをもぎ、雑草まみれの藪のような畑からライムとトウガラシを摘んで歩いた。家に到着すると漁師の奥さんがその日獲れた魚のなかから商品価値の低い雑魚を選んで、鱗を取って塩をふって炭火で焼いてくれた。パパイヤは細くささがきにして、つぶしたトウガラシなどとともに自家製のパーデークとライム果汁で和えてくれた。メコンの恵みと身のまわりのものとカオニヤオだけで、すばらしい朝食ができ上がったのだ。獲れたてのパー・パーク（バルボニムスの仲間のコイ科魚類）のピン・パー（焼き魚）は、皮と脂はこうばしく、メコン川のすばらしい芳香があり、身はふっくらとしてキメ細かく非常に甘かった。頭

の骨のなかの脂、目玉のゼラチン、内臓の苦さと旨さは鮮烈だった。その鮮やかさとシンプルさ、脳に響くおいしさに大きな衝撃を受けた。ラオス滞在中は、高級ビストロ（仏領だった影響でフレンチの店がある）や日本食、市場の隅の定食屋や、ラオス人に人気の店までいろいろな階層やジャンルのものを食べたが、漁師の家で食べたピン・パーを超えるものはなかった。そのように私の感性と味覚に一番合っていたのがタマサートな食材のおいしさだったので、屋号を「小松亭タマサート」としたほどだ。ちなみに友人がデザインしてくれた屋号のロゴはメコン川のパー・パークと琵琶湖のニゴロブナが巴になっている。

　ラオス中南部の平野沿いだと、雨季・乾季で水位を変えるメコン川と支流、それに連動した浸水域や水田のリズムのなかで、米と魚と植物の食文化が生まれる。メコンは雨季には水深が20m近くあるが、乾季には歩いて対岸に渡れるほどになる。このような自然環境だと、魚が大量に獲れる季節とそうでない季節があるため、必然的に魚を保存する必要が生まれる。保存食と言えば、中部・南部のラオス料理に欠かせない調味料かつ主材料であるパーデークが代表例だ。雨季のはじめに大量に得られた淡水魚を、鱗と内臓を除いて塩漬けにし、水が十分に上がってきたところで、煎った米糠や、煎って砕いた籾つき玄米と合わせ、甕に入れて嫌気発酵させる。この季節は1年で気温がもっとも高い時期でもあり、発酵初期に高温下で一気に乳酸菌が増えることでpHが下がり、ほかの菌の繁殖を抑えられて安全な発酵食品ができる。パーデークの材料はなんでもよく、獲れたものはすべて無駄なく利用できる（市場の魚屋から出るアラを用いたものまである）。また、塩を当てた魚や豚肉を、蒸した米とともに漬け込んで数日間嫌気発酵させると、ソムパーやソムムーとなる。ソムは酸っぱいという意味で、動物性の材料のほかに、タケノコや葉野菜なども同様の形で発酵させて保存する。

　ただ、北部の都市ルアンナムターの市場を訪れたときは、市場に生パーデーク屋が1軒もなく、非常に驚いた。中部・南部の市場には何軒ものパーデーク屋があり、数十トンのパーデークが取引されているからである。ルアンナムターの市場には、パーデーク屋の代わりにトゥアナオ屋が10軒以上あった。北部はトゥアナオの旨味が卓越した地域なのである。ラオスの一部には、山で獲れる野鳥を使った鳥醤もあると聞く。ラオスでは土地や気候に合わせて、さまざまなタマサートな発酵食品が気軽につくられている。

　さて、タマサートな食材は枚挙に暇がないが、具体的に挙げてみよう。まず水産資源だと、中部・南部のメコン川本流沿いや大規模支流沿いならば超大型淡水魚、大型淡水魚（コイ目、ナマズ目、ナギナタナマズ科）が漁獲される。1mを超える大型魚も少なくない。これらは船や網や大規模な仕掛け罠といった設備が必要なので専業性が高い。メコンの小規模の支流沿いやダム湖ならば、中型淡水魚、小型淡水魚（コイ目、ナマズ目）、湿地や池や水田では空気呼吸魚（ライギョの仲間、キノボリウオ、ヒレナマズ、タウナギ）、小型淡水魚（コ

イ科）が得られる。ラオスの魚には、日本では見られない淡水に適応したダツ、ニシン、シタビラメ、フグ、エイなども含まれている。淡水魚だけではなく、タニシの仲間、二枚貝の仲間、ヤゴ、水生昆虫、エビ、カニ、カエル、ヘビ、カメ、オオミズトカゲ、アオミドロの仲間、カワノリなどが獲れる。ラオスのタマサートの多様性がおわかりになるだろう。

　対象となる水域の規模が小さくなるにつれて専業性が低くなり、人々の生業の隙間で漁労が行われる。雨季の平野部の水路では、農作業の合間に1ｍ四方ほどの小型の四手網で魚を獲る様子が見られる。水田の水を抜く際に水路に竹かごを仕掛けて置くだけで、魚やエビやヤゴが得られる。タマサートな採集活動は生活の一部になっている。

　北部などの山間部では鹿の仲間、キョンの仲間、イノシシ、シベット、アナグマの仲間、野鳥たち、セキショクヤケイ、ヤマアラシ、リス、コウモリ、ムササビ、センザンコウまでもが得られる。また山間部の沢やため池でも少なからず漁労が行われる。私自身は北部での経験が少ないが、山でもタマサートな活動が行われているのだろう。そのほかにも、直翅目（バッタの仲間）、甲虫、鱗翅目などのありとあらゆる昆虫や、季節ごとの天然キノコ、樹木の新芽や若

市場で売られる天然キノコや淡水二枚貝、タニシなど（左上）、セミ（左下）、ミズオオトカゲ（上）。

161

葉、果実が幅広く利用されている。

　これまでタマサートの重要性について述べてきたが、果たしてその未来は明るいのだろうか。最近、都市部では「オーガニック」という概念が広まりだしていて、意識の高いラオス人はオーガニック野菜を買っているそうだ。ラオスでは意図する／しないにかかわらず、まだ一度も化学肥料や農薬の入っていない土地がまだたくさんあると聞く。外国人として外からラオスを見つめる私としては、価値のある伝統的なタマサートがなんとか続いてほしいと願っている。

　また、たとえばメコン川本流だけでもすでに多数の水力発電ダムが稼働しており、季節の水位変動に合わせて回遊を行う淡水魚や人々の漁労活動は大きな影響を受けている。有名なメコンオオナマズはほとんど絶滅しかかっているし、ラオス領内のメコンカワイルカは2020年頃に最後の個体が死亡しラオスでは絶滅してしまった。ほかにも多くの動植物が開発によって危機に晒されている。先進国がやりすぎてきた失敗をなぞることなく、ラオスに合った形でタマサートを維持しながら国としての発展をめざしてほしいと願ってやまない。

右頁：ルアンパバーンにて、雨季のメコン本流。

ラオス北部のレアな発酵食品

横山 智

　ラオスには、国内の大部分でつくられている淡水魚の発酵調味料パーデーク、また北部の広範囲でつくられている発酵大豆トゥアナオのような、よく知られた発酵食品がある一方、一部の地域でしか見られず、ほとんど知られていない発酵食品も多い。このコラムでは、私がよく訪れるラオス北部で見つけた、ちょっと珍しい発酵食品を紹介しよう。

毛豆腐納豆

　ラオス最北部のポンサーリー県の県都ポンサーリーは、チベット・ビルマ系語族のプーノーイ族、そして中国から移住してきたホー族の人たちが多く暮らす街である。ポンサーリーの市場では、中国で調味料として使われている豆腐を発酵させた腐乳_{フゥルゥ}とせんべい状のトゥアナオが並んで売られている店が多く見られた(写真1)。市場の人によると、どちらもホー族がつくっているという。市街地を散策していたら、天日乾燥中のトゥアナオを見かけた(写真2)。トゥアナオを乾燥していた家を訪ねると、豆腐とトゥアナオを生産しているAさん(50代男性、ホー族)が出てきた。Aさんにトゥアナオのつくり方を教えてもらった。そのプロセスは、下の通りである。

(1) 大豆をつぶして豆腐をつくる
(2) 水をしっかりときった豆腐を天日乾燥しながら、豆腐を発酵させる
(3) 発酵させた豆腐を、電動のグラインダーで粉々につぶして軽く煎る
(4) 粉にした豆腐を丸い型に入れて平たくしてから天日乾燥する

　Aさんから聞いたトゥアナオのつくり方は、これまで私がラオス北部の各地で見てきたトゥアナオのつくり方とはまったく違っていた。トゥアナオは、ゆ

でた大豆を枯草菌で発酵させるの
だが、ポンサーリーでは豆腐を発
酵させる。どうやって発酵させる
のかを尋ねたところ、Aさんは家
の奥から表面にカビがついた豆腐
が入った洗面器を持ってきた（写真
3）。これは中国でよく見る毛豆腐
だ。発酵とは豆腐にケカビをつ
けることなのか。市場で見た腐乳
は、毛豆腐を塩漬けしたものであ
る。Aさんの家では、腐乳はつくっ
ておらず、毛豆腐はすべてトゥア
ナオに加工するのだと言う。ポン
サーリーのトゥアナオは、ラオス
のほかの地域のトゥアナオと形は

3

変わらないが、見た目からはまったく想像がつかないつくり方であった。ホー
族のトゥアナオを、とりあえず「毛豆腐納豆」と呼ぶことにしよう。

　毛豆腐納豆は、ラオスではポンサーリーでしかつくられていない。私が調べ
た限り、中国でも毛豆腐を粉にして乾燥させた発酵食品はないので、世界でポ
ンサーリーにしかない発酵食品かもしれない。この毛豆腐納豆、食べると納豆
臭がするものの、どことなくチーズのような味がした。

茶の漬物

　次に紹介するのは発酵食品の王者とも言える漬物である。ただし、一般的な
野菜の漬物ではなく、「茶」の漬物である。茶には、紅茶、ウーロン茶、緑茶
などいろいろな種類がある。いずれも植物のチャ（*Camellia sinensis*）の葉を加
工したものだが、チャの葉に含まれる酵素の酸化度合いによって、紅茶は「発
酵茶」、ウーロン茶は「半発酵茶」、緑茶は「不発酵茶」などと分類される。し
かし、発酵茶と称されていても実際にチャの葉を細菌やカビで発酵させている
わけではないので、これらの茶は漬物とは言えない。

　蒸煮した茶葉を桶などに入れて乳酸菌で発酵させた「後発酵茶」と呼ばれる
のが茶の漬物である。タイ北部とラオス北部ではミアン、ミャンマーではラペッ
ソーと呼ばれ、茶葉を食べたり、ガムのように噛んだりして楽しむ嗜好品のよ
うな茶だ。タイ北部のミアンとミャンマーのラペッソーは商業的に生産されて
おり、今でも入手はそれほど難しくない。しかし、ラオス北部ではほとんど見
かけない。かつてラオスでもミアンが生産されていたことは文献から知ること
ができるが、1990年代中盤からラオスで調査をしている私ですら、ミアンを
見かけたことは数回しかない。

　ラオスのミアンはほぼ消滅したと思っていたが、2019年にサイヤブリー県
の市場でミアンを見つけた。しかも、タイやミャンマーのように商業的に生

産されているようなミアンではなく、竹筒に茶葉を入れて土の中で発酵させた伝統的な製法のミアンであった（写真4）。ミアンを生産しているサイヤブリー県サイサターン郡のP村を訪ねた。モン・クメール系語族のプライ族の村で、現在でも約140世帯のほぼ全世帯がミアンをつくっているという。ラオスに、まだP村のようなミアン生産の村が残っていることに驚く。この村のミアンには、酸味ありと酸味なしの2種類がある。両方のミアンを試食させてもらっ

たが、個人的には酸味ありのミアンが好みだ。塩と一緒にミアンを口に含むとなんとも言えない、苦くて渋くて酸っぱい味が広がる（写真5）。ショウガ、ニンニクを混ぜてもおいしいとのこと。これはクセになる嗜好品だ。

　ミアンのつくり方は、収穫した茶葉を30分ほど蒸してから、酸味ありは約5日、酸味なしは約1日、家の中で茶葉を広げて置く。おそらく、茶葉を乾燥させることが目的ではなく、乳酸菌をつけることが目的だと思われる。その後、茶葉を竹筒に詰める（写真6）。粘土で竹を密閉して、最低3ヵ月は土の中に埋めて発酵させる。土から取り出すと1〜2ヵ月以内で食べないと味が落ちる。好気状態になるので乳酸菌以外の雑菌が繁殖するのかもしれない。ミアンは冠婚葬祭や来客時にお茶請けとして出すのが伝統だというが、最近の若者はミアンを食べず、チャを緑茶として飲むのを好むらしい。おそらく次の世代に移ったら、村のミアン生産は消滅するかもしれない。そんなことを思いながら村を後にした。

発酵ツバメ

　シエンクワーン県の県都ポンサワンの市場には、9月から12月までの約4ヵ月間、ツバメ（ノック・エーン）を発酵させたノック・エーン・トゥンと呼ばれる発酵食品が並ぶ（写真7）。この地域の市場だけで見られる期間限定の発酵食品だ。ツバメの正確な種まで同定できなかったが、春から夏には東南アジアより北で産卵・繁殖し、秋から冬に東南アジアで越冬するツバメ属（*Hirundo* sp.）だと思われる。

　2023年9月下旬にシエンクワーンで調査を行ったときにノック・エーン・トゥンをつくっているBさん（33歳女性、タイ・プアン族）に話を聞くことができた。ツバメは9月ぐらいにやってきて、水田にいる虫を捕食したり、水

が張られた水田で水浴びしたりするという。9月に渡ってきたばかりのツバメはまだ痩せているが、餌をたくさん食べて大きくなる11月以降になると本格的なツバメ捕獲のシーズンを迎えるらしい。住民たちは録音したツバメの鳴き声をスピーカーで流し、ツバメ数羽を媒鳥（ばいちょう）として水田近くの空き地につないでおく。人が見えるとツバメが警戒して寄って来ないので、近くに簡易的な小屋などをつくって隠れ、たくさんのツバメが寄ってきたところで、遠隔操作して網を被せるという方法で捕まえる。

　捕獲したツバメは、羽を取ってよく洗ってから糞を取り除く。内臓はそのまま残して、包丁で腹を割って開き（写真8）、粗塩、乾燥させたトウガラシの粉末、そして味の素などのうま味調味料を擦り込む。容器に密封して発酵させ、5日ほどで食べ頃になる。火で炙って食べるのが一般的である。肉が少ない小鳥なので、骨をしゃぶるような感じで食べる。乳酸発酵による酸味はほとんど感じないが、内臓の塩辛は虫を餌にしているためか、少し生臭さがある。ご飯のおかずというよりは酒の肴だ。

　ノック・エーンは日本から渡ってきたツバメかもしれない。だとしたら、秋になって海を渡って何千kmも旅して、ようやくラオスのシエンクワーン県にたどり着いたツバメたちだ。そんな大旅行を成し遂げたツバメを食べるのは、日本人としてはかなり心が痛む。しかし、発酵食の研究者としては、それを食べなければならない。「ツバメさん、ごめんなさい」。私もちょっとつらいです。

よこやまさとし
名古屋大学大学院環境学研究科・教授・博士（理学）。東南アジア大陸部を主な調査地として、グローバル化に伴う土地・森林利用、自然資源利用、人口動態、食文化の変化などを研究。専門分野は文化地理学と東南アジア地域研究（特にラオス）。著・編書は『世界の発酵食をフィールドワークする』（農山漁村文化協会、2022）ほか多数。

Column 3

主食がもち米であるということ

岡田 尚也

　ラオス料理を食べた経験のある人にはおそらく全員に賛同してもらえると思うのだけれど、それがチェーオであれ、ラープであれ、ゲーンであれ、ラオス料理を蒸したもち米（カオニヤオ）と一緒に頬張るとそのおいしさに魅了される。ラオスの食事は極論すると、もち米さえあればチェーオ一つ、串焼き肉一切れを添えるだけで成立すると言っても言い過ぎではないだろう。朝の登校時間に子供たちが野球ボール大のもち米と炙った干し肉などを片手に持って、友達と並んで歩いていたり、バイクの後ろに乗っていたりするのをよく目にする。弁当箱いらずの朝ご飯である。

　多民族国家であるラオスにおいて、すべての民族がもち米を主食としているわけではない。なかにはモン族などのようにうるち米を常食している民族もある。都市部では、大規模な市場が形成され肉や魚、野菜といった食材が容易に手に入るようになり、食生活も多様化してラオスの食事におけるもち米の割合は小さくなっているように感じられることもあるが、郊外や地方へ行くとてんこ盛りのもち米が入ったティップカオが当然のようにどんと置かれ、食事の中心的存在であることを実感する。以前聞き取りをした北部の山村では、蒸したもち米を大人1人当たり1日1kg近く消費していた。

　ラオス人と食事をともにする際、もち米を食べる彼らの自然体で無駄のない所作や、もち米を頬張って噛みしめる時の顎の力強い動きには、横で見ていて本当に惚れ惚れしてしまう。まずティップカオから手のひらに収まるくらいのもち米を左手でつかみ取る。軽く握って形を整えながら、目の前のおかずに目をやる。右手で一口分のもち米をちぎり取り、好みの加減までこねる間にどのおかずと食べるか考える。狙いが定まったら右手の中で五分つき団子のようになったもち米に親指で少しくぼみをつくって、すっと最短距離で皿に手を伸ばし、具をすくい上げて親指ではさみ一気に口に放り込む。顎と奥

168

歯を使って噛みしめて味わいながら、左手のかたまりから右手で次の一口分をちぎり取ってこね始める。おしゃべりと笑いをはさみながらこの一連の流れが繰り返される。真似をして食べてみると、自分の指や手のひらには米粒がくっついてじたばたと格好の悪いことになってしまう。手際の悪さなのか力加減のせいなのかわからないが、なぜかラオス人の手には一粒のもち米もくっつかないのが不思議で仕方がない。

　もち米が担う役割はメインの食べものというだけではない。精米する時に出る糠は、ラオス料理でもっとも重要な発酵調味料であるパーデークの原料になる。生米を煎ってすりつぶしたカオクアは、ラープなどの料理にこうばしい香りと風味を加える調味料として利用される。腸詰のつなぎとかさ増しにも使われるし、ソムパクやソムムーといった発酵食材の乳酸発酵にももち米やそのとぎ汁が必要になる。水に浸してすりつぶしたカオブアは、オ・ラームやモックなどの煮物や蒸し物にとろみと旨味をつけるために欠かせない。麺やおかゆを売る店にはもち米を揚げたカオコープが袋に入った状態で吊るされている。早朝に街のあちこちで粛々と行われる僧侶の托鉢で、喜捨用のもち米は必須だし、ココナッツ風味の素朴なもち米のおやつであるカオ・トムやカオ・ラームは、祭りの露店やそのほかの仏教行事、祝いの席で欠かさず供される。

酒ももち米を原料にしてつくる。家を訪れた友人をもてなす時や、田植えや稲刈りなど大きな農作業を手伝ってもらったときの宴会には、決まってもち米焼酎のラオカオや壺酒ラオハイが振る舞われる。私が村の高床式の家屋で行われていた酒宴に参加させてもらったとき、主人が赤ら顔で自慢のラオカオを差し出しながら、今年は子供ができたり祝いごとが多かったりしたから酒が入り用で、食べるためのもち米が3ヵ月分ほど足りなくなってキャッサバでしのいだんだ、と笑っていた。村という小さいコミュニティのなかで助け合いながら暮らす人たちにとって、もち米でつくる酒は自家消費用のもち米を削ってでもつくらないといけない大切な潤滑油になっている。

　いまだに自給自足的な側面が色濃く残っている彼らの生活において当然のことなのだけれど、毎日もち米を食べ、調味料や食材として調理にも使い、もち米でつくった酒を飲むためにはもち米をつくらなければいけない。米にはカオナー（水稲）とカオハイ（陸稲）があり、ラオス人においしいもち米はどちらかと尋ねると、みな口を揃えて「カオハイ」と言う。国土の8割近くを山地が占めるラオスでは、山地の斜面の木を伐採して乾燥させた後に火を放って

焼き払い、その灰などを養分として作物を育てる焼畑農業が伝統的に行われてきた。カオハイはこの焼畑農業の主要作物である。伐採と火入れの後、先端にやじりをつけたつき棒で穴をうがって籾を蒔く。雨季始まりの雨が土砂を運び、籾に被せる。やがて雨季の雨と強い日の光を浴びて稲はすくすく育っていくのだけれど、稲だけではなく一緒に雑草も伸びる。稲の生長を守るための除草作業は苦行のような過酷さである。日当たりのよい斜面を焼畑地に選ぶので、除草作業は背中いっぱいに灼熱の日差しを受けながらの作業となるためである。ふもと側から徐々に登りながら焼畑地の雑草を抜いていく。頂上側まで除草が終わるころには、ふもと側がまた雑草だらけになっている。稲が雑草の影響を受けなくなるくらい大きくなるまでの数ヵ月、この工程が数回繰り返される。少し手伝わせてもらったが、急勾配での中腰姿勢で足腰も痛くな

るし、汗が吹き出して喉もカラカラに乾き、結局1時間そこらでギブアップしてしまった。余談だけれど、そんな農作業の休憩時や食事のときにすっとキュウリが手渡されることがよくある。キュウリはカオハイと混植されていて、稲穂の株間を縫うようにツルを伸ばして広がり、飲み水の確保が難しい焼畑地では天然の水筒代わりとなって雨水をその実にため込んでくれるのである。ガブリとかじるキュウリは体に沁みるおいしさである。

　やがて稲穂が大きくなり黄金色に色づくと稲刈りである。一家総出で手刈りし、干して脱穀する。脱穀作業が済んだら終わり、ではない。大切な米を畑に放置しておくわけにはいかないから、最後に村人総動員で数日かけて全世帯の焼畑地から村にある各々の米蔵まで米を担いで運ぶのである。「焼畑の農作業は重労働だから、もち米をたくさん食べないと体力が持たない」と言われた。そう、彼らは自分たちが食べるためのもち米をつくるためにもち米を食べている。

　目下に広がる陸稲畑を抜けて吹き上がってくる風を感じる雨除けの屋根だけ葺いた簡素な休憩小屋で、焼き青トウガラシのチェーオと陸稲もち米をいただいた。塩味が効いた焼いた青トウガラシのこうばしさと、鮮烈な辛さのインパクトに目が丸くなる。ぐっと堪えて噛みしめていくと、焼き畑陸稲の米の力強い旨味と甘味が滲み出てきて、青トウガラシの辛味をしっかりと受け止め、包み込んでいく。そんなシンプルな昼ご飯は、今まで食べてきたラオスでの食事のなかでももっとも印象深く鮮明な記憶として残っている。

　何年現地に住もうが、どれだけラオス語が堪能であろうが、どこまでいっても外国人である自分がラオスの食文化についてああだこうだと断言することに違和感は感じる。それでも、早朝に街を行き交う人たちの姿や気の置けない仲間と囲む食卓、陸路の旅の途中の食堂で出てきた料理や歩道に立ち並ぶ祭りの屋台、焼畑での農作業の手伝いやたばこで煙る酒宴での会話などの体験が、そして何より山小屋で頬張ったあの一口の感動が、揺るぎない説得力を持って伝えてくるのである、「ラオスの主食はもち米である」と。

ラオスの飲み物と、料理との合わせ方

岡田 綾

　ラオスの飲み物についてと言われれば、やはり最初に語るべきはアルコールだ。ラオスは1人当たりのアルコール消費量がアジアでもトップクラス（2010年の世界保健機構の調査より）で、正真正銘の酒飲み大国である。

　ラオスのお酒と言えばまず、ラオ・ブリュワリー社が販売する「ビアラーオ」のラガービールが挙げられる。ラオス国内どんな僻地のレストランでもビアラーオは売っている。すっきりとしていてほんのり甘味があり、苦味もおだやかでとっても飲みやすい味わいで、ラオスでは日常的に親しまれているビールである。大きめのグラスにたっぷり氷を入れて、傾けたグラスにゆっくり注ぎなるべく泡が立たないようにして飲むのがラオス流だ。

　ラオス国内で流通するビールの種類が増えたことは近年のラオスのアルコール市場の新しい流れの一つとなっていて、ビアラーオにはラガーに加えダークやゴールド、ホワイト、IPAなどの種類が加わった。そのほか、海外からのビールも多種売られるようになり、競争が激しくなってきたと感じる。

　地酒では、米を原料につくられるお酒ラオハイとラオカオ（ラオラーオとも言う）がある。ラオハイは、蒸したもち米に餅麹と籾殻を混ぜて発酵させたもろみを高さ30cmくらいの陶製の壺に入れて、さらに籾殻を加えてバナナの葉でふたをし、最後に粘土で密封して発酵させたお酒だ。ヨーグルトのような酸味と米の甘味が感じられ、そして後味には籾殻由来の苦味がある。村のお祭りや来客へのおもてなしには欠かせないお酒である。飲み方が実にユニークだ。まず、完成した酒が入った壺の表面までなみなみの水が注がれる。次に竹製の長いストローを壺に2本差し込み、飲み手の2人がストローを使って吸う。その間、横に待機している人がコップ1杯分の水を壺に加えていく。しかも「こぼれるぞ、早く飲め、飲め！」と急かしながらコップが空になるまで加える。飲み手の2人は水がこぼれないよう必死に休まず吸い続ける。コップの水がなくなるまで吸い続けると、ちょうどそれぞれがコップ1杯分のラオハイを一気飲みしたことになる。お酒をストローで一気に吸い込むので、ものす

ごく酔いがまわる。

　ラオカオはもち米やうるち米を原料にして単式蒸留でつくられる焼酎で、日

本の泡盛や焼酎のルーツとも言われて
いる。蒸した米を麹と混ぜて発酵させ
て蒸留しており、アルコール度数は50
度前後ある。南部サーラワン県のコン
セードーン村に行ったとき、2ヵ所の
ラオカオ蒸留所を見学させてもらった。
1ヵ所目は、酒造場の建物は木の柱に
トタン葺き屋根という簡単な造りだが、
蒸留缶や冷却槽は新しいものできっち
りと設備が整っていた。薪の火を焚べ
るスタッフも雇っていて、真面目に酒
づくりをしている印象。そこでつくら
れるラオカオは、アルコール感はかな
り強めだが、すっきりとした透明感の
ある後味だった。2ヵ所目は、前者よ
り規模はやや小さめで設備も古い。つくり手はフレンドリーでいかにも家族経
営の酒造場だ。こちらのラオカオは少し濁りがあり、アルコール感は前者より
やさしく米の甘味も感じられたが、後味に独特なえぐみがあった。それぞれの
酒造場のキャラクターがお酒の味わいに出ているのを感じた。しかし、都市部
を中心にビアラーオなどのアンコール度数の低いお酒が好まれるようになるに
つれてラオカオの需要は徐々に減少し、このコンセードーン村に4つあった工
場は、先述の2つだけになった。

　今も昔もラオカオが登場するのはだいたい宴会の途中。参加者が一つの輪
になり、宴会の主人が小さめのコッ

プにラオカオを注ぎ、渡された人が
それを一気飲みする。そしてまたラ
オカオが注がれて次の人が一気飲み
し、延々とまわし飲みするのが基本
だ。私も次の日にひどい二日酔いに
なった痛い経験があるが、同じ経験
をした人も少なくないだろう。ラオ
ハイもラオカオも、食事と合わせて
楽しむお酒というより、お祭りや宴
会の場を盛り上げて人々同士の交流を深めるためのものという印象である。

　ビールの種類が増えたことに加え、ラオスのアルコール市場にもう一つ新し
い流れがある。それは、日本人醸造家の井上育三さんがラオス人のスタッフと
一緒につくるラム酒ブランド「LAODI」の登場だ。2006年にヴィエンチャン

郊外に設立された LAODI の蒸留所はサトウキビ畑が横にあり、LAODI は自社畑で収穫したサトウキビのフレッシュジュースを原料としてつくられてい

る。サトウキビは搾ったそばからすぐに発酵して腐ってしまうそうだ。そのため収穫から搾汁、蒸留までの工程を一気に行わなければいけないので、蒸留所と畑を併設している。代表的なホワイトラムのほか、オーク樽でねかせたブラウンラム、ラオスで採れる果実をホワイトラムに漬け込んだマリアージュラム（リキュール）などがある。ラオスのお酒の代表、ビアラーオ、ラオハイ、ラオカオに並ぶ新しいお酒たちだ。先述したビールの多様化や、このように国内で流通するお酒の種類が増えたことで、ラオスにこれまでなかった「食事とともにお酒を楽しむ」という文化が芽生え出してきたと感じている。

　私たちが京都で営むラオス料理屋「YuLaLa」では、ビアラーオ、ラオカオ、LAODI などのラオスのお酒だけでなく、フランスを中心とするヨーロッパ産のナチュラルワインや滋賀県産の日本酒も提供している。ハーブやライムを多用した料理には、ナチュラルワインの白やオレンジ、ロゼを合わせるといい。料理と共鳴するハーブ香があるものや、柑橘の酸味、果実の皮のほろ苦さなどを感じるドライなものを選んでいる。また、ラオス料理のベースに多用する発酵調味料パーデークの風味が強い料理や、豚肉や魚のなれずしなどの発酵料理は、日本酒とともに楽しむことをおすすめしている。日本にももともと発酵食文化があるわけで、ラオスの発酵ものと日本酒の組み合わせは違和感なく受け入れられると思う。しかも滋賀県は琵琶湖があって淡水魚を食べる文化があり、ふなずしといった発酵ものが豊富。これらがラオスと大きく共通するからか、滋賀産の日本酒がラオス料理にピッタリと当てはまるという具合である。

　次に、ラオスのノンアルコールドリンクについて。現地の夜の屋台でよく見かけるのは、日本で言う豆乳のナム・タオフーだ。温かいものか冷たいものを選び、シロップの量で甘さを調節したり、黒い海藻などのトッピングをしたりと、自分好みにカスタマイズできる。甘味のあるトウモロコシのジュース、ナム・サリーは見た目は完全にコーンポタージュで、かなり甘い。ほとんどの日本人にとって最初はかなり違和感がある味かもしれないが、疲れたときなどに無性に飲みたくなるやさしい風味である。サトウキビの収穫期に出まわる搾りたてのサトウキビジュース、ナム・オーイに

は、私は必ずライムを搾ってもらって飲む。さわやかな甘味で、汗をかいたときの水分補給にピッタリだ。そのほか、甘酸っぱいローゼル（アオイ科フヨウ属の植物）のジュースであるナム・カチアップ、季節のフルーツのスムージーのナム・パンやジュースのナム・マークマイ、搾りたてのライムジュースであるナム・マークナーオやオレンジジュースのナム・マークキアンなどがある。

　ラオスはコーヒーやお茶の産地としても有名である。コーヒー豆の多くは南部のボーラウェーン高原で栽培されている。栽培品種は主にアラビカ種のティピカとカネフォラ種のロブスタ、改良品種のカティモールである。ラオス産ティピカはほのかな酸味とやさしい甘味を持つ素朴な味わいで世界中に輸出されている。ロブスタはティピカより安価なので、コーヒーの加工品にも使用される。ラオスでは昔からこのロブスタをネルドリップ式で淹れてたっぷりのコンデンスミルクや砂糖を加えたものが飲まれてきた。コーヒーと一緒にサーマリー（ジャスミンティー）が提供されるのがラオス流で、通はコーヒーにサーマリーを足しながら飲むのだと聞いたことがある。飲み方はおのおのによるだろうが、こってりした甘さのコーヒーに爽快感のあるジャスミンティーがつくのは粋なサービスだと思う。ラオス国内ではもともとのコンデンスミルク入りコーヒーに加え、ペーパードリップ式やエスプレッソマシンで淹れる新しいスタイルのコーヒー屋さんも増えている。ちなみにカティモールは病害に強い耐性があり収穫量も多いことから近年ラオスで栽培面積が増えているが、味については疑問視する人も多い。

　お茶はボーラウェーン高原のほか、北部のポンサーリー県産やシエンクワーン県産のものがある。種類は緑茶などの不発酵茶、半発酵茶、発酵茶と幅広く、スーパーやお土産店ではさまざまな商品を見かける。しかしこれだけお茶が売られているにもかかわらず、ラオスではもともと（中華系やベトナム系の人以外は）お茶を飲む習慣がないので、料理と合わせたり、家庭の食事のシーンに出てきたりすることはない。

　料理だけでなく、ドリンクを通じて新しいラオスの一面を日々模索するのがおもしろくて仕方ない。

おかだあや
2004年に夫の尚也氏とともにラオスに移住。開業した創作料理店ではホール業務全般を担当。日々の生活や全国を巡る旅でのさまざまな食体験を通して、ラオスの食文化への知識を深める。2015年に京都に開いたラオス料理店「YuLaLa」でもサービスとドリンクを担当。ラオス料理とお酒の楽しみ方について探求する日々。陶芸家でもあり、同店の器の制作なども行う。

ラオスにおける
「祭りゃ儀式での食」と「日常の食」

森 卓

掲題を日本式に言い換えれば、「ハ
レ」と「ケ」ということになるが、
本稿では、私が旅行で訪れた2000年
と移住滞在した2001～2016年およ
び、帰国後に交流を続けている神奈
川県愛甲郡愛川町の在日ラオス文化
センターでこれまで見聞き体験した
ことをベースとし、ラオス国内での
マジョリティーである仏教徒のラー
オ族を中心に話を進めてみたい。

まず、ラーオ族とは、どこから来
たのか。歴史をたどると、一説では
あるが、その起源は西シベリア、モ
ンゴル、カザフスタンにまたがるア
ルタイ山脈に源を発していると言わ
れる（BC5000年頃）。その後、黄河

在日ラオス文化センターの風景。

流域と揚子江流域の中間地域を経て、初めて自治都市（ムアン＝国と訳される
ことも）を形成したのが現在の中国四川省北部（BC1000年頃）。それからは秦、
前漢、唐など中央国家の侵攻を受けるたびに南下を続け、902年、ラーオ族の
王国（南詔）が唐王朝に降ったのを契機に、インドシナ半島北部の各地および
上ビルマ、アッサム各地へと、人々の移動が活発になっていったという。

ここで、なぜ歴史を話題にするのか。それは、ラーオ族がいた時代の中国地
域は、ラオス料理にも通じる、炙り、蒸し、羹（あつもの）、鮓（なれずし）、
膾（なます）などが主だった調理法として、現存する最古の中国の料理書「斉
民要術」（530～550年頃）に書かれているからだ。また、同書では「肉を加
熱して切り、柘榴（ざくろ）の酸味、香菜、葱頭など山盛りの薬味とともに食
す料理」が当時の中原（中国の中心）地域では珍しい胡食（異民族の料理）と
して紹介されているが、このような食べ方はラオス料理のラープにも似ている。
アルタイ山脈から南下してきた異民族であるラーオ族がどれだけ他民族と交流
していたのかは定かではないが、私が考えるラオスの原風景（バナナの葉や竹
筒、土器や竹かごを道具とし、自然の産物だけで自給する地域）にある食事文

化を理解する上で一つの着眼点にはなると思う。もし、古代中国地域で食されていた料理系譜がラオスに伝わっているならば、東南アジアの食文化史をたどる上でも大きな意味を持つだろう。

　次に、仏教である。言い伝えでは14世紀に、現在の北・東北タイ、中国雲南省やベトナムの一部地域などを併合してラーオ族国家ランサーンを成した偉大な王ファーグムの時代、王が育ったカンボジア地域のクメール帝国から仏教がやって来たとされる。ファーグムの妻となるケオ・ケンカンガー王妃は熱心な仏教徒で、父であるクメール王に仏教使節団を要請した。ここで多くの僧侶、工芸師、付き添い人がやってくる。庶民の食事はさておき、ファーグム王をはじめ王侯貴族、仏教使節団の食事は、当時のクメール帝国にあったものと見るのが妥当であろう。

現地滞在中に撮影した、ラオスの原風景。

　さて、これまでは掲題を語る上での前提であったが、話を現代に戻し、いよいよ掲題に迫っていきたい。まず、日常であるケの食事とは何か。これは、ラーオ族であっても居住する地域による。ラオスの民族は50前後（その区分や数は、国の体制や調査により変わり続けている）あるが、ラオス人自身は、これを大きく低地ラーオ族、中地ラーオ族、高地ラーオ族の三つに分けてきた。簡単に言えば、低地ラーオ族は河川に沿って開けた平地や盆地に住む民族、中地ラーオ族はそこから見える丘陵や山の中腹に住む民族、高地ラーオ族はそれ以上高い標高に住む民族、という具合になる。全名称に「ラーオ族」がつくのは、国家が政治的に民族の統一を図ったためであり、実際はすべてがラーオ族ではない。たとえば、モン族、ヤオ族、カム族、ンゲ族など固有の民族名が存在する。本稿の中心とするラーオ族は、この中で低地ラーオ族の中心的存在。低地と言っ

現地の日常の食のイメージ。下の写真は、
6人家族の数食分の量のおかずである。

ても場所により、地理や気候は
さまざまであるが、ほぼすべて
の地域で主食はもち米である。

　もち米（カオニヤオ）を、手
づかみで山盛りを食す。腹持ち
もいい。甘味も含む。蒸したも
のを竹かごに入れて農作業や狩
猟にも持ち運べる。蒸し直せば、
またやわらかく温かくなる。野
菜やパーデークなどでつくられ
るチェーオとカオニヤオだけで
いい、というラオス人も多く、
食事の基本形はここにある。副
菜は、その日獲れた肉や魚、畑
で栽培している野菜類を蒸した
り、ゆでたりしたもの。しかし、
収獲品は日によって異なり、まったく獲れないこともあるので、あらかじめ燻
製や日干しにしていた魚や肉を炙る。それをそのまま食すほか、汁物や煮物の
だしにすることもある。ただ、主食であるカオニヤオ以外は、原則、少量だ。
腹を満たすのは、もち米で十分なのだ。ここに、豊かな稲作を背景に森や河と
共存してきたラオス人の伝統的な姿がある。

　私がラオスを初訪問した2000年頃は、首都であっても屋台や飲食店の数が
まだまだ少なかった。都市部では外国からの商用客人を迎えるために飲食店が
構えられ、一般の人は少ない屋台で惣菜や焼き鳥を買って家に持ち帰るのが普
通だった。ラオス人のお宅を訪問すると、食卓にはつくり置きの料理が置かれ、
プラスチック製で開閉できる傘のような虫除けかごが必ずあった。だいたい朝
と昼の食事を朝早くにまとめてつくってしまい、家族がいつでも食べられるよ
うにしていた。熱帯国ラオスでもタイル張りの床のあるダイニングは涼しかっ
たが、腐敗を防ぐため、汁物には野菜や果実による酸を加え、副菜類はなるべ
く水分が少ない状態に調理されてあった。

　しかし近年は、常に"新しいもの"がタイをはじめとする隣国からやってくる。
2004年にASEANサ
ミットが首都ヴィエ
ンチャンで初開催さ
れて以降、定期的な
国際会議の誘致によ
り、首都の風景は建
設ラッシュに沸き、
外資系企業の台頭、

首都ヴィエンチャンの風景（2020年3月）。

求人の増加、農村から都市への人口流入が著しくなったように思う。オフィスワークも浸透し、昼食を家に帰らずオフィス近郊で済ます人も多くなった。外食が増え、事務仕事中心となった生活には、もち米よりも、さらりとしたうるち米やビーフンの方がなじむ。温暖化の影響もあるかもしれないが、味付けは、年を追うごとに、濃く辛く、タイの嗜好により近くなっていると感じる。小国ラオスでも、日常は変わり続けている。

　最後に、ハレの料理である。ラオスでは仏教を土台に「毎月、祭りを催す」という習俗が「善き行い」として呼びかけられ、それが「徳を積む」という行為に繋がっているとされる。これは、人が疎遠にならないためのものとも解釈されており、月に一度は村中の人が集まり、隣村からも客人を招く。寺院では、参拝者が食べ物を寄進する。ラオスに広まる上座部仏教の僧は毎朝の托鉢で喜捨されたものを食すため、喜捨する食品は鉢で受けられることが原則で、もち米はその基本となる。もともと汁物はNGだったが、ビニール袋の登場により喜捨できるようになった。現代は包装された商品（豆乳、お菓子など）も多いが、伝統的な食品として、ココナッツミルクで煮炊きされたもち米をバナナの葉で包んだカオ・トムなどのお菓子もある。

現地で毎朝行われている托鉢の様子。

　　　　　　　　　　　　　　　托鉢による摂食という原則はあるものの、実際は近郊の在家衆が、さまざまな料理を並べたお膳を用意していて、僧はこれを主に食す。また、僧が食べた後の残り物は在家衆により食べ収められ、これも徳を積む行為に繋がる。ちなみに、ラオスの上座部仏教における献立のタブーはなく、在家が食べるものと同じだが、供物として見栄えがよいものや、肉や魚などを使った日常では上等として扱われる料理が寄進されている。

　祭りの中心には、仏教が置かれるが、仏教伝播以前の土着信仰に根付いた儀式「バーシー」も執り行われる。その際にお目見えする鮮やかなマリーゴールドなどで飾られた小さな塔は、丁寧に折りたたまれたバナナの葉で積み重ねられ、精霊（気）との交信の役割を果たしている。それを仏僧が傍で見守る。バーシーは「スークアン（魂）」や「マットケーン（腕巻）」とも言われ、人の体内にある32の気を呼び戻し木綿の糸で繋ぎ止める儀式で、気が満ちている状態が幸せを呼ぶことから、結婚式、子の誕生、家の新築、引っ越し、遠方からの来客、または遠方へ旅立つ隣人に対し、年間を通して頻繁に行われている。

結婚のお祝いのバーシーの風景。

　儀式が終盤にかかると、ラオスのもち米焼酎ラオカオが登場し、祈祷師を皮切りに、一つのグラスでまわし飲みが始まる。その後は、あらかじめ用意されていた料理とともに、みなが待ちに待った宴へと移行していく。ここで、よく食べられるのがラープ。生や加熱した肉や魚を細かく切りきざみ、調味料や生のハーブ類で和えたラオスの代表的な料理だ。ラープは、ラオス語で「福」という意味があり、この言葉は仏教とともにやってきたサンスクリット語の「ラーパ（福）」から来ていると、元仏僧の留学生から聞いたことがある。ラオスの料理名は「素材＋調理法」という組み合わせがほとんどだが、この料理名だけ縁起を担ぎサンスクリット語由来になっているのは、仏教の伝播が関係しているのであろう。

上：カオ・トム、下：カオプン。

　また、仏教の祭事に必ず提供されるのがココナッツ食品である。カオ・トム、サンカヤー（ココナッツミルクプリン）、ナム・ワーン（ココナッツミルクぜんざい）など甘味類に多く見られるが、スープにココナッツミルクが多用される麺料理カオプンも祭事の定番料理として登場する。ココナッツの果肉を削りミルクを絞るという作業が大変だということもあるだろうが、普段のラオスの生活では、ココナッツを使用した料理はほとんど見られなかった。その理由を、考えていた。

　日本に帰国後、ラオスの政変から逃れ難民としてやってきた在日ラオス人たちに、彼ら

が幼少・青年期を過ごした昔ながら（ラオスが王政だったころ）のカオプンの
ソースづくりを教えてもらったときに、はっとさせられたことがある。じっく
りと弱火で煮詰めたココナッツミルクは、やがて固形物とオイルに分離する。
そのときを見計らって、スライスしたニンニクやホームデーン（アカワケギ）、
乾燥トウガラシを加え、オイルでこうばしく炒めた後にスープを流し込み（人
によってはトマトを炒め）、煮込む。普段のラオス料理には見られない調理法。
「これは、インドやスリランカのカレーのつくり方ではないか！」と思ったとき、
冒頭で書いたケオ・ケンカンガー王妃のことが頭をよぎった。そして、スリラ
ンカから海のシルクロードを転々としながら南伝した仏教が、クメール帝国か
らランサーン王国に入り礎を築いたことを。ラオスに見られるココナッツミル
クの料理は、「仏教のグレートジャーニー」そのものなのかもしれない。

　ラオス料理のハレとケを見ることで、歴史や言い伝えをたどり、南伝仏教や
クメールの影響、古代中国からの調理法が、自然依存の原始的な先住民族の食
事と融和した可能性を考えてみた。ラオスの原始的な調理器具、ジャングルで
もできる調理法、そして伝統的なラオス料理の仕立てに触れるたびに、はるか
古代の食事文化の世界観を、現代に見せてもらえているような気がしてならな
い。

参考文献
『ラオスの歴史』上東輝夫著、同文舘、1990
『ラオス農山村地域研究』横山智・落合雪野編、めこん、2008
『斉民要術　現存する最古の料理書』田中静一・小島麗逸・太田泰弘編訳、雄山閣、1997
『中華料理の文化史』張競著、ちくま文庫、2013
『地球の歩き方 ラオス』2017 ～ 2025 年版、地球の歩き方編集室編、ダイヤモンド・ビッグ社・
株式会社地球の歩き方（販売は Gakken）

もりたく
1977 年大阪府生まれ、富山県育ち。仕出し料理屋、タイ料理屋などで働いた後、
アジアを 8 ヵ月間旅する。2001 年にラオスに移住し、現地にて旅行会社、通訳、
コーディネーター、出版プロダクションを経て、2004 年にラオス初の日本語
フリーペーパー『テイスト・オブ・ラオス』を創刊する。2016 年まで 15 年間
ラオスで暮らし、帰国。2017 年公開の日本・ラオス初合作映画『ラオス　竜
の奇跡』のプロデューサーを務める。現在は、食を中心に、映像、音楽、トー
クなどでラオスを伝える巡業イベント「ラオス食堂」を全国各地で開催。神奈
川・湘南を拠点に首都圏イベントでの提供、ケータリングなども行う。

Column 6

山に暮らす少数民族の食

前川 佐知

　ラオスは、ラーオ族、カム族、モン族など、50の民族からなる多民族国家である。しかし、それはあくまで政府が承認する民族の数であり、実際にはもっと多くの民族が存在する。そして、どの民族がどこに暮らしているのかという詳細は、実際に現地を訪れてみないとわからない。なのでバイクにまたがり野山を走り、南から北へぐるぐるまわって気づけばかれこれ16年。これまで30以上の民族と出会ってきた。だが、同じ民族であっても住む地域が違えばその様相は異なる。ラオスは自分の想像を超えることばかりで、知りたい欲が駆り立てられる国だ。旅の終わりはまだまだ見えない。

　ラオスに滞在する目的は、それぞれの民族が持つ染織技術の記録だったのだが、そのうち山の人々の暮らしに魅了され、知恵があふれる日々にどっぷり浸かるようになる。織りも生きる知恵の一つなのだ、ということに気づく頃には、家人の留守をまかされるほどに村で暮らすようになっていた。山で暮らすということは、衣食住を自らの身一つでまかなって生きていくということ。山の暮らしは毎日が忙しい。

　ラオスの国土の約8割は高地である。なので全国どこでも山暮らしか、というとそうではない。メコン川沿いに広がる平野に加え、山岳地帯にも平地はあり、そこでは市場が発展し、お金さえあればなんでも手に入る便利な暮らしができる（もちろん日本と比べればかなり不便だが……）。バイクや車などの移動手段を持っていればなおさらだ。食材や惣菜をはじめ、衣食住で困ることはほとんどない。ただし、お金がないと平地での生活は地獄と化す。土地を持っていないとなればさらに厳しい。そのため、山に暮らす人々の方が豊かなのではないかと感じることが多い。事実、動ける身体と知恵さえあれば、広大な山が暮らしを満たしてくれる。そして、自ら手に入れることのできる限られた食材を工夫して食べているため、食文化も豊かである。

　ラオスにはパーデークと呼ばれる魚の発酵調味料があり、これまでいろんな村でパーデークが使われる料理を食べてきた。基本的にどこのものもおいしいのだが、マコン族の村で食べたパーデークは……実に印象的だった。ある日、たまたま道ばたで知り合ったマコン族のおばさんの家に招待された。「外国人が来たぞー」と、村は大騒ぎ。もちろん宴会が始まる。食と酒は人々に近づく重要アイテムで、なんでも来いの私には得意の場面。しかしそこで出たタケノコのスープの味が衝撃だった。失礼ながら、言葉で表現するならまるで牛乳をふいた雑巾を絞った汁……。そしてそれは、どう考えてもパーデークから醸し出されるにおいと味に違いなかった。身体の底の方からこみ上げて来る何かを

必死に我慢しながら、どうにかその場を笑顔で乗り切る。そしてやっと終宴に
さしかかり、次の家へのご招待のお声がかかった。これでようやくこの独特な
パーデークの味から逃れられる！　と思ったのも束の間、その次の家のタケノ
コのスープも同じ味だった……。しかも、またその次に招待された家も、そし
てまたその次も……。気の遠くなる無限ループの末、これがこの村の通常のパー
デークの味であるという結論に至った。ここまで独特のパーデークを好む村は
稀かと思うが、民族によって好まれる味や主食（もち米かうるち米か）は異な
り、また同じ民族であっても居住環境（山の高低や川の大小）や村ごとに異な
る。そしてそれが山の奥であればあるほど文化圏は隔離され、独自の食の世界
が広がる。どこの村へ行っても知らない新たな食に必ず出合える。

　北部にタイドン族という、3村しかないとても小さな規模の少数民族がいる。
そこに私がとてもお世話になっている家族がいて、いろんなことを教えてくれ
る。ある日、弟（のような間柄の男の子）の下痢が止まらず、家族が病院に連
れて行くというので同行した。すると病院の壁に「毒ヘビに嚙まれたら」とい
う案内ポスターが。そこに「コブラ」の文字があった。「えぇーっ！　ラオス
にコブラがいるの!?」と驚く私にお母さん（のように慕っているおばさん）が
「え？　サチはこれまで数えきれないくらい食べているよ」と何を今さら感。
ヘビは確かに幾度となく食べてはいるが、村の人はヘビを捕まえたら山で首を
落として持って帰ってくるので、それがどんなヘビなのか知らずに食べていた
（首がついていたところで見分けがつくかどうかは怪しいが……）。大きいコブ
ラだと、日本のラーメン鉢くらいの大きさに頭を広げて威嚇してくるらしい。
そして「首元が白いのと黄色いのとがいて、黄色いのに嚙まれると死んじゃう
よ」と、さらりと言う。命懸けで食べさせてくれていることに感謝しかない。

ちなみに、ヘビは火で炙ると鱗
がむけて、つるつるぷにぷにの
皮つきお肉が現れる。塩とトウ
ガラシと酸味のある木の葉で煮
てスープにして食べることが多
いが、弾力のある鶏肉みたいで
嚙めば嚙むほどおいしい。ラッ
キーなヘビに当たると、お腹の
中に卵がある。水みたいにふわ
ふわした細長い卵で、ゆでると
固まる。ほぼ白身であっさりし
ていておいしい。

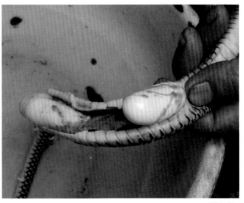

ヘビの卵。

　山で暮らすのは大変だが、そこに住む人々には生きる力があり、とてもかっ
こいい。もし私が山で迷子になったら確実に生きていけないが、そこに村人が
1人だけでもいてくださったら、急に未来が明るくなる。山の人々の強さは輝
いて見える。

みんなでご飯。質素だけど満たされる。

　ここからは、私が長期滞在しているいくつかの村の中でも特に山と密接に生きるカムルー族の村の食について紹介したい。

　生きるために野菜も肉も魚も、食べるものはなんでも自分で調達する。そう言葉にするのは簡単だが、実際は想像する以上にかなり大変なことである。一日中食べ物を探してさまようこともある。

　ある日「旦那が帰ってこない」と村中で話をしてまわり、心配する妻。「いつもは早朝から出て、遅くても昼までには帰って来る。でも昼を過ぎても帰ってこない。何かあったのでは」と。みんなは「きっと大丈夫だ」となだめるけれど、陽が落ちかけて、ついに村の男たちが広い山へと捜索に行くことに。一行が出発しようとしたまさにそのとき、ひょこっと旦那が帰ってきた。手には指ほどの小さなタケノコが４つ。安堵と爆笑。笑い話として今でも村で語られている。こんなにきばって長時間帰って来ない人は珍しいけれど、大して収穫のない日は珍しくない。でも心配御無用。食卓にはちゃんとおかずが並ぶ。村の情報網はすごくて、誰がどこで何を手に入れたとか、夕飯に何を食べているとか、なんでも筒抜け。そして親類や同年代の仲間意識はものすごく強くて、さらっと食べ物を分けてくれるのだ。たくさん採れたら採れなかった人にお裾分け。今日は助けられ、明日は助ける。それが当たり前。だから誰一人飢えない。

　村が家族という響きはいいけれど、それは本当にそうなんだけど、やはりそこは人間世界、仲の悪い人同士もいる。超絶、村社会。山での暮らしは豊かでいいねぇ、悩みなんてないんだろうねぇ、なんて言われたりもするけれどそんなことはまったくなくて、村内には派閥があり、複雑な人間関係や明示されな

い階級がある。社会のサイズ感に違いはあれど、日本もラオスも都会も田舎も、どこの社会も同じだ。私は自分が属する家族の立ち位置を観察し、自分の立ち位置を探す。

　家族に組み込んでもらえるのはありがたいものの、私はまったくの役立たずだ。村では5歳にもなれば男は鉈を握り始め、虫や魚、小動物を探しに出かける。女はかごを持って山を歩きまわり、食べ物を持って帰ってくる。遊びが生きることに直結し、家族の一員、村の一員となっていく。水汲みですら運ぶ途中でこぼす私など、村では5歳児以下である。ある日、私が家族に頼まれて木から葉を取っていたら、近所の9歳の男の子が近づいてきた。慣れない手つきでもたもたと葉をむしり取っていた私に、枝の繋ぎ目のようなところを指で押して見せてくれた。すると、ぽろりと簡単に葉が取れたのである……。私は年齢的にはかなり立派な大人なのだが、お恥ずかしいことに小さな先輩からご指導いただくことは日常茶飯事である。

　村では日本での日常の暮らしは通用せず、いつも打ちのめされる。自分の無力を突きつけられ、心を撃ち抜かれるのだ。村に深入りすればするほどに、人間としての根源的な力量を試され観察され値踏みされる。やや都会の村では求愛されることもあるが、本当の村ではなかなかない。値踏みの結果である。生きる術を知らない者は無用なのだ。村では、学歴も経歴もなんの意味もない。恐ろしいほど丸裸だ。

　家族と食べ物を探しに山へ入っても、無用レベルの私にはちんぷんかんぷん。どう見ても同じ植物のように見えるのに、まったく違うものということもよくある。村の人々の植物に関する膨大な知識にだけでなく、その動きの速さにも驚愕する。目からスキャナービームでも出ているんじゃないかと思うくらい、食べ物をサッと見つけてサッと採る。山は、広い自然の畑だ。私が歩き疲れたら、足元の小さな小さな草を採って、「疲れたでしょ。これ、酸っぱくて食べたらパワーが出るよ」と手渡してくれる。なんてカッコいい台詞なんだ。私のゴム草履の鼻緒が抜けて切れたときには、そこらへんの蔓で草履と足をくくりつけてくれる。100％惚れてしまうやつだ。

　村の人々は日中の山歩きには誘ってくれるのだが、男の仕事である夜の山での狩りには、絶対に同行させてくれない。闇の中、数名の男が山へ消えていく。狩りが成功したら、帰宅後すぐに宴が始まる。私たちは眠い目をこすりながら、もそもそと騒がしい家に集まり、肉と酒にありつく。次の日の朝には、残った肉が村中の家に配られる。山で獲れる肉は日常食であり、儀式や客人へのもてなしには家畜（水牛、牛、豚、山羊、犬、アヒル、鶏など）がつぶされる。鳥類だけは食べ物がないときの非常食にもなる。

　町から村がある山に入るとき、私はお世話に

鹿の内臓を担いで山から朝帰り。

なる家族の負担にならないよう、市場で肉と野菜を買って行く。生きる力のない私は、お金で解決するしかないしょぼい人間だ。持って来たキャベツを見た家族が、「これはなんだ。どうやって食べるものなのだ」と聞く。そうか、野菜は自然界にない変な食べ物なのか！　とハッとさせられた。自分が普段いかに山から離れた生活をしているのか思い知らされる。

　山で採れる"野生の野菜"（草や木の葉、木の実など）には、いろんな味があっておもしろい。辛味、甘味、酸味、渋味、苦味、臭味、爽味、粘味、が山の八大味である（もちろん私の説）。そこに、虫味を加えたらもうわけがわからなくなる。虫は種類が多いだけでなく、たとえる味が見つからないほど複雑な味をしているのだ。そして驚くほどおいしくても、困ったことにそれがどうおいしいのか説明できない。それが虫味である。山歩きのときもだが、牛追いや薪拾いのときも、作業をしながらひょいひょいと虫を捕って足をむしってポケットやカバンに忍ばせておく。そして夕飯までのちょっとした時間に炙って食べるのも日々の楽しみだ。

　村の調味料はとてもシンプル。基本は塩で、そこにトウガラシなどの香辛料と香草が加わる。そして……味の素である（東南アジアで一般的になった味の素は、山の村にまで広がっている。使う量は耳かきほどから大さじくらいまで、貧富の差によりかなり異なる）。これらの調味料と食材の組み合わせ、そして発酵や燻製、炭化などさまざまな調理方法で料理をする。調味料が少ないぶん、八大味と虫味が食の楽しみを無限に広げてくれる。山を全身で味わう感覚で、村にいればいるほど味覚が研ぎ澄まされていく感じがする。そして下山したときはいつも、町の味の濃さに驚く。逆に山の上ですごく甘く感じていたクズイモが、急に土臭くてほぼ甘味を感じない食べ物に変わる……。にわか村人の私ですら村にいるときは山の味をこんなに感じるのだから、ずっと村で暮らす人の舌はもっと敏感で、もっと深くたくさんの味を感じているはず。山の食べ物の世界は奥深く、どんなに長く暮らしてもすべてを把握することは不可能だ。

日常のおやつに食べる「粘渋甘い」木の実（左）と、とてもおいしい燻製イモムシ（右）。

　さて、村での暮らしは採取ばかりかというとそうではない。山を焼き、植物を育てる。米（陸稲）、トウガラシ、香草、イモ、キュウリ、トウモロコシ、ハトムギ、ゴマ、ヒョウタンなどだ。これらは売るためではなく食べるために

育てるが、米だけは、たくさん採れたら余った米を村で米が足りない家族に貸したり、町から買い取りに来た人に売ったりする。米以外の植物は少ししか育てず、畑のほとんどは米。山の半面に生えるすべての竹や木を鉈で切り倒し、乾燥させ、火入れをし、焼け残ったものを再び焼き、雨が降るのを待って種を蒔く。芽が出てから収穫まで何度も草刈りをし、やっとの収穫。そのときばかりは毎日がまるでお祭りだ。太鼓を叩いて歌う役が音頭取り。手伝いに来てくれた親類や同年代の仲間が一列に並び、歌い笑いながら手で籾をしごき取っていく。朝から日が暮れるまでずっと。そのためたびたび空腹に襲われる。村の食事はいつもだいたい1日5食で、朝昼晩と、日本でいう10時と15時のおやつの時間もご飯の時間。お腹が減ったら食べるスタイルだ。収穫を手伝ったお礼に昼食とその前後を含めた3食を出され、おまけに手土産に蒸したもち米、さらに夜には男に酒が振る舞われる。昨日は親戚んち、今日は自分ち、明日は友達んち、お祭り騒ぎは村中の収穫が終わるまで続く。

　お礼に出される3食のうち昼食が一番豪華で、必ず鶏がつぶされる。塩とトウガラシと木の葉を煮込んだ鶏のスープ。これが毎日続くけど、毎日とてつもなくうまい。そして疲れて家に帰れば、夜ご飯は毎日ネズミの肉のスープ。これも毎日とてつもなくうまい。単なる肉ではなく、火床で燻された燻製ネズミ肉。これを煮込んでスープにする。畑の稲穂を食べに来るネズミを仕掛けで獲るので、この時期はどこの家にも火床の上にはネズミ肉のストックがあるのだ。日本のような四季はないけれど、時期によって食べるものが少しずつ変わり、そこに時節の移ろいを感じる。村で食べる料理は都会に比べて質素だけど、ど

れもみなおいしい。毎日何かを食べられるということは本当にありがたいことであり、とても幸せなことだと、強く感じる。

　そうそう一つだけ、私にとっては危険な料理がある。私はかなり胃腸が強いらしく、何を食べてもまったくお腹を壊さない。川や井戸の生水、豚の生血や生肉、生の川魚、生の虫、土まみれのご飯、判別できない動物の肉、説明されてもよくわからないもの……。ラオスで出される食べ物は、これまでなんでも食べてきた。しかし唯一ダメだったのが生リスのラープだ。これは村でも滅多に食べられないもの。なぜならリスは仕掛けで獲るので、罠の見まわりが遅

お礼に出される10時のご飯。

いと劣化して生では食べられなくなる。なので、たまたま捕まってすぐのリス
に出くわさない限りありつけないのだ。そのときは、においなどに違和感のな
い新鮮なリスを普通に食べたのだけれど、数時間後に緑色の便が出た。あれ、私、
パンダやったっけ？　って心配になるくらいの緑色。その後の数日、お腹の調
子がずっと悪かった……。

　とってもおいしいラオス料理ですが、どこに危険が潜んでいるかわかりませ
んので、ラオスに行かれた際には十分ご注意を。

まえがわさち
兵庫県丹波篠山市出身。1998年、日本で染織を学
び始める。2000年に旅行で訪れたラオスの染織に
魅せられ、2004年よりラオスに滞在し、染織を学
び始める。現在はラオス各地の少数民族の村を訪
ね、伝統染織技術を記録。その傍ら、発展ととも
に消えゆく技術を生きた技術として残していくた
め、村人と布づくりをしている。また、自然ととと
もに生きる知恵を学びながら、日本でいかにラオ
ス的暮らしを実現するか模索中。

右頁上：みんな一列に並んで陸稲の収穫。下：お手伝いの昼食で
いただいた豪華な鶏のスープ。バナナの葉の中には蒸したもち米。

Column 7

ラオス料理を日本でつくるときに意識していること

Vol.1 岡田 尚也

　私たち夫妻が営む「YuLaLa」では、ラオス料理を「塩味、旨味、香り」という必須要素三つと「酸味、辛味、甘味、苦味」という選択要素四つで構成された積み木料理だと捉えている。豊かな自然の恵みである食材自体の旨味に、ナムパーやパーデーク、トゥアナオを始めとする発酵調味料などをベースにした旨味と塩味をさらに加えて土台とし、そこにレモングラスやディル、ミント、コリアンダーなどのフレッシュハーブの香りを上乗せして骨格をつくる。さらにライム果汁やタマリンド、乳酸発酵食材で酸味を、赤・青トウガラシや、ガランガル、ショウガなどで辛味を、もち米やアカワケギなどで甘味を、そして素材の持つアクや焦げで苦味を選択要素として必要な分だけ積み上げて味を完成させる。

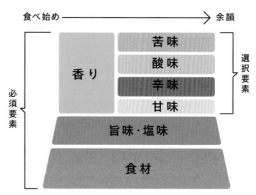

ラオス料理の構成のイメージ

　実際に料理を口にするときの時系列で言うと、まずフレッシュハーブの特徴的な香りのインパクトとパーデークなどの厚みのある旨味と塩味が広がり、そこから選択要素が次々と現れて味を膨らませ、旨味とともに余韻につながっていくというイメージ。当然、たいていの素材は複数の要素を兼ねているものが多い。たとえば、フレッシュハーブは香りだけでなく強い苦味（えぐみ）を持っているし、直火で炙った焦がしトウガラシにいたっては香り、辛味、苦味に加えて特有の旨味も含有しているので、土台にどれだけ積み上げるか（何をどれだけ加えるか）は全体のバランスを見て複合的に捉えて決めなければならない。そこがおもしろくもあり難しい部分でもあると思っている。

　また、ラオス料理の難しさという点で言えば、ラオス料理や食文化に関して系統立ててまとめた書籍・文献が、ラオス語でもほとんどないことが挙げられる。近年まで外食文化が根付いていなかったラオスにおいて、レシピというのは本書に取り上げたような代表的なものを除いてラオス人の間でさえ一般知識として共有されていない。さらにことをややこしくするのは、ラオス人の国民性とでも言おうか、いろんな人にレシピを尋ねてみても「入れた方がいいけど、

なければないでいい」とか「おいしくできたらそれでいい」というような返事が多く戸惑うことだ。しかし、よく考えると自給自足的な生活スタイルが残るラオスではそういう返答になるのも当然のことで、「そのときにその場所で採れるものでつくる」というのがラオス料理の基本なのである。

　YuLaLa ではそういったことを踏まえて、輸入食材や缶詰などに頼って無理に現地感を演出するのではなく、今ここでしかつくれないラオス料理を食べてもらいたいと思っている。そのときに軸となるのは、私たち夫婦が 2004 年から 11 年間現地で生活し、日本帰国後の 2015 年からはコロナ禍を除いて年 1 回のラオスへの旅を続けるなかで、ラオス全土のさまざまな場所で出合い、共有している食体験である。2 人がおいしいと感動した料理はできるだけそのときの感動が伝わるようそのままに、もう少し工夫が必要だと感じた料理にはひと手間かけてさらにおいしくなるように心がけている。ここからは、料理の各要素にまつわる具体的な工夫例を挙げてみよう。

食材

　まず料理の土台となる「食材」に関しては、肉類に下味をつけるとか、根菜を煮含めておくとか、ラオスではあまり重要視されない食材の下ごしらえを丁寧にすることで食材のよさをより際立たせるようにしている。また、その時季ごとに届く旬の食材をうまく使いながら料理を組み立てようと試みている。気候の違いから、特に冬野菜はラオスにないものも多く、使い方が難しい。しかし、たとえばシュンギクは葉野菜としてだけでなく、その独特な香りをフレッシュハーブのように捉えてチェーオやスゥプ・パクにしたり、ハクサイはその甘味を生かし、青トウガラシのさわやかで鋭い辛味とのコントラストを楽しむウアに仕立てたりしている。

旨味・塩味

　「旨味」についてはラオス現地での化学調味料の使用過多の問題が挙げられる。ラオス料理の土台となる旨味を、肉や魚、発酵調味料などを使わず手軽に加えられるこの粉末がラオスで浸透したことは、仕方のない部分もある。しかし YuLaLa では化学調味料は使わず、琵琶湖の魚を原料にパーデークやナムパーといった発酵調味料を自家製でつくって使うことで、より自然で違和感のない旨味に仕立てている。ここで注意しなければいけないのは「塩味」である。発酵調味料だけを用いると強い塩味と旨味のバランスをとるのが難しいので、豚や鶏でとったスープを併用するなど工夫している。

香り

　ラオス料理における「香り」による第一印象はとても重要である。ディルやシソクサのようにそれ自体が持つ個性的な香りで料理の輪郭を決定づけるものもあるし、レモングラスやガランガル、ショウガのようにほかのハーブや食材との組み合わせでより効果を発揮するものもある。また、ヒメボウキのように

揮発性が高く煮込むととんでしまう香りもあるし、直前に炙ったりつぶしたりして使った方が香りが立つものもある。また生もち米を煎ってすりつぶしたカオクアは、フレッシュハーブとは違ったベクトルで料理を彩るラオス料理に欠かせない香りを持つ。つくり手はそれぞれの特徴を見極めて、料理の見た目の派手さに捉われず過不足なく使う必要がある。

苦味

　次に「苦味」。ラオス人にとって苦味はおいしさの一要素であり、食材やハーブを直火で炙ったときの焦げを意図的に料理に含ませることでこうばしさと苦みを加える。また、素材が含有するえぐみを苦味としてよく利用する。日本には早春の山菜などのえぐみをあえて残して料理に仕立てて楽しむ食文化があるので理解できると思う。ただ、現地でのえぐみ使いは想像を超える強烈さで、付け合わせに出てくる生のドクダミの葉や未熟バナナのスライスなどは噛みしめた瞬間に舌だけなく口内全体がカサカサになってしまうし、スゥプ・パクなどにたまに入っているキャッサバの花やノーコムと呼ばれる苦タケノコなどの強烈なえぐみは、慣れていないと胃をやられるほどである。YuLaLaでは焦げの苦味は現地同様に取り入れているが、えぐみに関しては自分たちがおいしいと感じる程度に抑えている。

酸味

　「酸味」を担うものにはライム果汁やタマリンド、乳酸発酵食品、トマトなどがある。タマリンドや乳酸発酵食品、トマトなどの酸味はある程度決まった料理にのみ限定的に使われ、汎用性で言うとやはりライム果汁が一番である。麺屋や食堂に行くときざんだ生トウガラシを漬けた醸造酢が調味料ラックに入っていたりするが、どこでも頼めば小皿にカットしたライムを入れて出してくれる。YuLaLaではレモングラスや、ヒメボウキ、コブミカンの葉などのシトラス系の香りや、スペアミントや青トウガラシのさわやかな香りと合わせてラープやチェーオなどに使っている。

辛味

　「辛味」は確かにとても重要だけれど、あくまで選択的に加えられる要素であると考えている。ラオス料理は辛いですよね？　とよく聞かれるが、ラオス料理＝激辛料理というイメージは少し間違っていて、特に北部料理においてはマイルドな辛さの料理も多く、この場合、辛味よりも旨味や香りの要素に重点を置いたトウガラシ使いである。強すぎる辛さは料理を壊してしまう恐れがあるので、トウガラシに関して言えば、赤トウガラシのジワンジワンと後を引く辛味と、青トウガラシのツーンと尖った辛味を料理に合わせて使い分けることを意識している。

甘味

　ラオス料理の特徴を説明する際、砂糖を始めとする「甘味」の要素はあまり多く加えないことが挙げられる。オップやトム・ケムに焦がし砂糖を使うが、これも甘味よりも苦味とコクを加える役割が主である。炙ったアカワケギや主食であるもち米に甘味があるし、温暖な気候のおかげで果物が容易に手に入り糖分を十分補えるからかもしれないが、甘味が際立つ料理はほとんど見ない。ラオス料理の食後感について「とても軽く食べ飽きがしない」「胃がもたれない」という感想をよく耳にする理由の一つなのではないかと思っている（食後感の軽さはラオス料理があまり油を多用しないことも要因の一つである）。それに、強い甘さは香りや旨味をぼやけさせるので、YuLaLa では素材から出る甘さや旨味の補完的な意味合いで砂糖を使うことはあるものの、できるだけ最小限にするよう心掛けている。

　ラオス料理を包括的に理解しようとするときには、結局のところ自分で現地に赴いて体感することでしか得られない感覚があるのだけれど、YuLaLa が考えるラオス料理の構成とその各要素について感覚で把握していたことを、ありがたくいただいたこの機会に自分でも初めて言葉にして説明するということを試みてみた。そして、最後にもう一つ書いておきたいことがある。YuLaLa を訪れるお客さんにとっては、ここで食べるものが初めてのラオス料理になることが多く、ラオスのことを詳しく知る人も少ない。だから、私たちがやろうと思えば、適当なものをつくってもっともらしい言葉を並べて「ラオスは（ラオス料理は）こうなんです」と言い切ることで、簡単に自分たちに都合のいい方へお客さんをミスリードできて

しまう。しかし 1999 年に 初めてラオスとの接点ができて以来、私たちを家族同然に受け入れてくれた現地のファミリーを始め、ラオスにはとても大切な人たちが生きていて、赴くたびにかけがえのない経験をさせてもらっている。私たちにとってラオスはそういう場所なので、オーセンティックな料理であっても、そこから発展させたものであっても、ラオスで暮らす人々や食文化への「感謝」と「敬意」に基づく「責任」を感じて、できる限り誠実に向かい合っていくことが、YuLaLa が日本でラオス料理屋としてやっていくための生命線だと強く思っている。

ラオス料理を日本でつくるときに意識していること

Vol.2 小松 聖児

　私は「小松亭タマサート」という屋号で日本でラオス料理をつくっているが、ラオス料理を日本に持ってくるのは難しいと日々感じている。ラオス料理を解釈し、翻訳し、半ば苦しみながらメニューを決めていくなかで気をつけていることは多々あり、いくつかの項目に分けられる。以下、項目ごとにその内容を示し、この苦しみを共有していきたい。

日本人の味覚から逸脱しているもの：辛味、臭み、生血や内臓

　問題は多くあるが、まずは味覚面から始めたい。私にとって、ラオス料理をつくる上でもっとも難しい問題の一つが「どれくらい辛くするか」である。ラオス料理は生トウガラシのシャープな辛味、焼いたり乾燥させたりしたトウガラシのじんわりとした辛味が特徴で、ラオス人は「ボー・ペット・ボー・セーブ（辛くなければ、おいしくない）」と言う。私自身は、辛さにそこそこの耐性があって、ラオス料理を楽しめる幅が広くて助かっている。しかし日本では、ラオスと同じ辛味に設定して料理をつくると、ほとんどの人は楽しめなくなってしまう。かといって、辛さを抑えすぎると味のバランスに支障をきたすし、ラオスや東南アジア料理好きの方がいらっしゃったときに「日本人向けですね」と言われるのは悔しい。メニューにもよるが、ラオスでの辛さを 10 としたら 6 くらいの設定にしている。6 でも、辛さが苦手な人にはかなり厳しいと思う。厳しいとは理解しつつ、あえて辛めの設定にしている。ラオス料理はやはり辛い方がいいと思うからである。ラオス人の辛さへの嗜好性は、一般的な日本人の想定をはるかに超えている。ラオス人のなかでも「辛いもの好き」な友人とラオスで食事に行った際は、トウガラシとパパイヤが等量くらい（推定でトウガラシが 20 本以上。通常は 5 〜 6 本、多くても 10 本）のパパイヤサラダが出てきたが、咀嚼するといてもたってもいられないほどの辛さで、飲み込むと、食道から胃へと重たい辛味が移動するのが感じられた。もはや味がどうというレベルではなく、ひたすらに痛かったのだが、友人は「うーん、辛いけどおいしいね」と言っていた。これは極端な例だが、日本でどこまで辛さを表現するのかは、本当に難しい。

非常に辛かった、カニ入りパパイヤサラダ。

また、日本ではかつて肉食に対する禁忌があったためか、内臓や血を使った肉料理は発展してこなかったが、ラオスでは内臓や皮や血まで含めた高度な肉の利用が行われている。アヒルの生血のラープを最初に食べたときは反射的に吐き出したくなったが、2、3回と回数を重ねたらおいしく感じるようになった。水牛の皮（ナン・クワーイ）を毛付きのままベルト状にさいたのち、塩水のなかで数日発酵させて米糠に埋めてから乾燥させたものは、炭火の直火で毛を焼き落としてからそのままかじったり、スープに入れたりするが、口のなかに水牛の香りがいっぱいに広がる。豚や牛の内臓を使った料理のうち、特にスープ系は、汁のなかにも内臓自身にも内臓の香りが濃く出ている。これらの料理を日本でどう表現するのかが悩ましい。

食材の処理や扱いの違い

　味覚に準ずる問題として、食材の処理がある。ラオスと日本では食材の処理や扱いが異なるため、ここでも悩みが生まれる。私は日本の水産卸売市場での勤務経験があるので、ついつい魚の活け締めや血抜き、冷やし込みをしてしまう。また、店で扱う以上は食材の鮮度持ちも重要なので、活け締めした方がロスも減らせる（自家用でその日に食べる淡水魚はあえて野締めを選ぶこともある。鮮度持ちは悪いが、風味が豊かだからである）。一方のラオスでは、天然魚は漁獲された後は野締め、漁獲直後の冷やし込みの氷もなし、つまり、何もしない。この淡水魚の身の緩みや血の香りを再現すべきか？　再現したとして食べ手によい効果をもたらせるのか？　というのは悩みの種である。

　日本在住のラオス人の友人に、活け締めして血抜きした淡水魚のラオス料理を食べてもらったところ「味がやさしくて日本人向けだね」との意見が得られた。これは彼なりに気を遣った表現であり、要は血や粘膜の味や香りが乏しいという意味であった。2023年にルアンナムター市場のおかず屋で買ったヒレナマズのモックは、血と粘膜ごとぶつ切りにして包み蒸してあった。これに関しては、私には日本式に処理した魚でつくった方がおいしいと感じたが、どこまできれいにするのか、それとも攻めるべきか、非常に悩ましい。

衛生面、法律面での課題

　味覚の問題のほかに、日本でけっして出せないラオス料理がある。生肉、生内臓、牛や水牛や山羊のピア（腸管内容物の絞り汁）などである。ピアはラオスでは極めて普通に見られる食材で珍しくないが、日本で再現するには入手の難易度が高い。ラオスではおいしいピアを取るためにと畜の数日前から青草を与えて腸管の内容物を調整している。日本では飼料が異なるため、風味のよいピアを得るのは骨が折れそうである。そして、仮に入手できたとしても、そもそも日本では法的・衛生的にピアはレストランでは扱えそうにない。

　生肉、生内臓に関しては、ラオスと日本でと畜と流通の仕組みが異なるので、鮮度がまるで異なる。ラオスでは未明のうちにと畜した牛や豚などが早朝から市場に並ぶ。これらの肉は、締めたての魚のように身が活かっていて、新鮮そ

のものである。ラオスではまだ保冷設備が弱いので、生肉や内臓は翌日に持ち越せない。結果的に鮮度の高いものばかりが流通している。日本ではと畜してから枝肉で熟成を経て出荷されたり、冷凍されていたりするので、日本でラオスの質の生肉料理をつくるのは難しい。そしてこちらも日本のレストランでは法的に出すことが難しい。

　次に淡水魚である。ラオス料理は淡水魚の料理であるため、私は魚料理には淡水魚しか使わない。ラオスでは獲れたての淡水魚を生で用いる料理があるが、生の魚にしかない味があり、非常においしい（天然淡水魚の生食は、タイ住血肝吸虫のリスクがあるため、ラオスでも注意喚起がなされている）。私が拠点にしている京都は、日本最大の湖である琵琶湖を有する滋賀の隣にあるため、漁師を通じて新鮮な淡水魚を入手できる。滋賀県でも伝統的に淡水魚の生食文化があり、老舗と呼ばれる店でも非加熱・非冷凍のお造りが供されていて、私自身もよく食べる。だが、滋賀以外の土地で、淡水魚を生食する文化的背景のない状況では、不特定多数の人相手には生の淡水魚は出しにくい。そのため提供する際には一度冷凍するか加熱している。

　また、ラオスは発酵食品が豊富でありふれているが、豚肉を発酵させて非加熱で食べる豚のなれずしも生で出すことがためらわれる。ラオスでは生の豚肉も安全に食べられているが、日本には豚肉を生食する社会背景がなく、日本だと豚肉はよく火を通すのが一般的であるためだ。なお日本のメディアでタイ料理のレシピとして市販の豚挽肉を使ったなれずしを見かけるが、市販の挽肉は生産・流通の履歴がわからないので私はけっして扱わない。自家用につくる際には、必ず新鮮な塊肉を購入して表面をトリミングした上で、アルコール、熱湯消毒を徹底して自分で挽肉にしている。

ラオスの自然や人の生業に支えられていないもの
　ラオスではさまざまな天然食材（キノコ、樹木の新芽や葉、昆虫、果実、鳥獣など）が売られていて、都市部の市場で買うと高級品である。ラオスではこれらを採集して集荷して街まで流通させる仕組みがあるが、日本でこれを再現しようとなると、すべて自前でやらないといけない。たとえばイナゴを使った料理をメニューに載せるときは、何日もかけて自分でイナゴを集めている。

　ゲーン・ノーマイというタケノコスープは、日本での肉じゃがに相当するような非常に日常的な惣菜だが、このスープもラオスでの普遍性に反して日本では再現が難しい。香りと色づけのためにヤーナーンというツル植物の葉を揉み出した濃緑汁を使うのだが、今のところ日本では入手が難しい。缶詰になったヤーナーン汁は売られているが、缶詰を使ってまではつくりたくないという抵抗感があるため、ほとんどメニューには入れていない。ラオス料理における「身のまわりのありものを組み合わせてつくる」という感覚と缶詰の利用は相性がよくないと感じるからである。生の葉を絞った汁の色彩と香りはすばらしいので、そのうちヤーナーンを栽培して、満足できるゲーン・ノーマイに取り組みたいと考えている。

ラオス料理に欠かせない調味料パーデークは、数年前までは自身が持ち帰った、もしくは友人に持ち帰ってもらったラオス産を大切に使っていたが（魚類加工品であるパーデークは、条件を満たせば日本への持ち込み可能）、琵琶湖産の淡水魚を使って自作できるようになってからは、量を気にせずふんだんに使えるようになった。味や香りの面ではラオスの高級品には敵わないが、80点くらいは出せている。パーデークの残量を気にしなくてよくなったのは大きい。

日本の「ラオス料理屋」で出していいか判断に迷うもの

　ラオスにあるラオス人に人気の外食をそのまま日本に持ってくることは、果たしてラオス料理と言えるのかという問題がある。たとえば、ラオスではタイ料理っぽいメニューを出すお店が多い。おかずかけ飯の類、ガパオ炒め、カオ・マン・ガイ、カオ・パットはラオスでは完全に定着しているが、私が日本で提供するラオス料理には含めていない。ベトナム料理も同様にラオスで人気で、ブンチャー屋やベトナム式のフォーを出す店が多くある。中華料理はラオス人に人気とまでは言えないと思うが、最近は火鍋屋やピン・チーン（中華焼き。麻辣味の串焼き）が流行っている。また海がない反動からか、ラオスの都市部ではシーフードが大人気である。これらはラオスでは極めて普通に見られ、日本にいるラオス人ならば食べたいだろうと思うのだが、日本のラオス料理屋としてのメニューには入れられないでいる。

設備・手間暇の面で出しにくいもの

　炭や薪の熾火でじっくりと焼くピンは、ラオスではもっとも基本的な調理法の一つであるものの、意外に日本では再現しにくい。家庭規模であれば七輪が一つあればいいがレストランとして取り組むとなると設備不足である。ラオスの焼き山羊屋のように丸ごと焼き上げた焼き山羊なども提供したいが、炉を組んで、開いた丸ごとの山羊を炭火で6時間焼くのは難易度が高い。鶏を丸ごと焼いたピン・ガイも、骨付きで生から炭火で焼き上げるには40分以上かかるため、オペレーションの問題があり提供できていない。

　また、ラオスでは人件費が安く、調理に携わる人員が多いので、レストランで手間のかかる料理が出せる。家庭においても、何人もが調理を行う。私はラオスに行くたびに「よくぞここまで手をかけてくれたな」と手間に対する感謝の気持ちが湧いてくる。麺の付け合わせの香草を数本ずつ竹ひごで束ねたり、大量のハーブをきざんですり鉢でつぶしたり、小さな花を掃除して少量の挽肉を詰めたり、パパイヤを包丁で丁寧にささがきにしたりといった料理が、とても手間と釣り合わないような値段で、気軽に売られている。これにならって、私もなるべくオーダーが入ってからハーブをきざんだり、塊肉を手切りしてから包丁で叩いてミンチをつくったりしているが、人員やコストの都合からなかなかラオスと同じクオリティーというわけにはいかない。

しかしやはりラオス料理は楽しい

　日本にラオス料理を持ってくることは、大変難しい。ほかのジャンルの料理も、日本での黎明期には困難があったと思う。現地でラオス人に人気のレストランをそのまま日本で再現しても、それはうまく意訳ができていないと思う。家庭でのご飯、田舎の名物、おかず屋の定番メニュー、レストランの凝った料理、食堂の飾らない食事、麺屋、屋台など、さまざまな階層やシーンのなかから、解釈をして、要素を抜き出して、再構築する試みが必要だと考えている。

　また、私はなるべく料理の背景にある自然と人の営みを料理に反映させたいので、ラオスにおける自然環境と人の営みを、日本のそれに対応させようと試みている。ラオス人ならば琵琶湖の魚をどう調理するか、日本の鹿をどう利用するかと考えながら、さまざまな生産者に仕入れに行っている。

　私はラオス人ではないので、おそらくラオス人が考えているよりも厳密に、伝統的なラオス料理に固執していると思う。ラオス料理と言っていい料理のなかにも明らかに華僑系、タイ系、ベトナム系、そのほかの地域の影響を受けたものが見られる。中華の鹵菜（ルサイ）の流れを汲むトム・ケム、ベトナム由来と思われるフーやカオピヤック・セン、ミャンマーのシャンカウスエと同系統と考えられるカオソーイなどがその例である。それらをラオス料理の枠組みのなかで捉えつつ、現代タイ料理や現代ベトナム料理の直輸入版のものと、どう線引きをするのかは、私にとっては重要な点である（ラオス人は、それほど気にしないかもしれない）。

　日本のレストランでつくる以上は、値段や手間を店で提供できる範囲内に収めないといけないし、さらに日本のタマサートな食材との組み合わせの制約を受ける。しかし、それでもお客さんに喜んでいただけるうれしさは何物にも代えがたい。できる限り、私がラオス料理から受けた感銘を伝えられるように、新たなことに挑戦し続けて、提供できる料理の範囲を広げていきたいと考えている。

ラオス料理における近隣諸国からの影響と、ラオスの食の今

岡田 尚也×小松 聖児

岡田　小松君と初めて会ったのは、僕ら夫婦が首都のヴィエンチャンで料理店「YuLaLa」をやっていた 2010 年頃だったよね。淡水魚の調査でラオスに長期滞在していた小松君がご飯を食べに来てくれた。

小松　そうですね。閉店後もそのまま残って、一緒にビアラーオ（172 頁）飲ませてもらいました。

岡田　ははは、そうだった。でもあのときにはお互い想像もしていなかったよね。どちらも数年後にラオスの料理に携わって、こんな対談をすることになるなんて。

小松　不思議な縁で、本当にびっくりですよね。

ラオスにはラオス料理店がない⁉

岡田　ラオス料理がほかの地域からどのような影響を受けたのかという大きなテーマの前提として、まずはラオスの食文化の話から始めようか。

小松　はい。

岡田　ラオス料理は、基本的にラオス人の「家庭」で食べられてきたという歴史がある。

小松　隣接するタイやベトナムには、自国の料理を提供する屋台や食堂がたくさんあって外食文化が発展しているのと対照的ですね。

岡田　2005 年くらいまでは、僕らが生活していたヴィエンチャンにはラオス料理のレストランどころか、外食店自体がほとんどなかった。あるのはせいぜい麺屋さんと、タム・マークフン（64 頁）を軒先や屋台なんかで売っているところくらいで。

小松　そうですよね。あとは華僑系の中国料理店があったくらいでしょうか。

岡田　会社や商店に勤める人のお昼ご飯であっても、奥さんが持ってきたカオニヤオ（16 頁）とおかずを食べるか、わざわざ自分の家に帰って食べる形が一般的だった。それでも 2000 年くらいからは、おかずを何品か選べるカオ・ラートナー（ぶっかけ飯）の店なんかが増えて、職場の人と連れ立って店でランチするようになってきた。

小松　僕もそんなイメージです。あと、テイクアウトの店や屋台もあちこちに増えましたね。「あの店のピン・ガイ（106 頁）はおいしい」とか、「あそこはいまいちだ」みたいな会話はよく聞くので、ラオス人はおいしいものに対する感度は高いと思うんです。

岡田　つぶれるところは、すぐにつぶれるもんね。

小松　それにしても、どうしてラオスでは外食文化が発展してこなかったのでしょう？

岡田　一つの仮説だけど、都市化が進んでいないラオスでは、街で暮らす人と、農家や漁師といった生産者との関係がまだまだ強いということがあるんじゃないかな。たとえば、お父さんはサラリーマンだけど、家に帰ると大家族がいて野菜や米をつくっているというようなことがざらにある。だから、あえてわざわざ外で食べる必要がなかったのではないかと推察しているよ。

小松　ラオス国立大学の学生で、お金がなくて気象観測小屋に住んでいた苦学生の友達がいるんですが。彼はお金はないんだけど、米だけは実家から大量に送られてきていたから、僕らが串焼きなどのおかずを買っていったらめちゃくちゃ喜んでいましたね。そんなふうに、ラオスでは単身世帯であっても実家とのつながりが強いんです。

岡田　そう。それに彼らは１人でご飯を食べるということがまずない。また、夫婦だけの世帯であっても近所の人と一緒に食べたりする。

小松　僕が留学しているときに１人でご飯を食べていたら、まわりから「なんで１人で食べているの？」ってびっくりされた（笑）。向こうでは同じアパートに住んでいる人たちが、おかずやビールを持ち寄って一緒に食事をするのも普通ですからね。

岡田　家やオフィスの前には、必ずと言っていいほどオープンテーブルがあって、そこで集まって食べるんだよね。

小松　コンクリートのでかいテーブルですね（笑）。

岡田　ただ、近年はお酒を飲める店が増えて、昔に比べればラオス人も外食するようになったよね。

小松　最近は中国料理の火鍋屋さんがラオス人にも人気ですね。それでも、この本で紹介しているような伝統的なラオス料理は、いまだに家庭で食べることが普通です。

岡田　新しくできた外食店は、タイ系や中国系の店ばかり。

小松　そうですね。ラオス人はみんなそこで海鮮チャーハンなんかを食べています。そういう店で、彼らがカオニヤオを頼むことはありませんから。

岡田　外食では外国料理、家ではラオス料理というように使い分けているのだと思うよ。

外からもたらされた調味料と調理法

小松　外国系の外食店が増えた影響なのか、最近は屋台なども含めて料理の味が強くなっていて、それが好かれる傾向があるように思います。

岡田　昔の調味は、今よりずっとシンプルだったはず。僕の印象ですが、タイからカピ（20頁）とナムパー（ナンプラー。20頁）が入ってきて、全体的に塩味が濃く、旨味が強くなっていったのかなと。それらがラオスに入ってきた当初はすごいインパクトだったと思うよ。「これを入れるだけで、こんなにおいしくなるのか！」と。

小松　年代はわからないのですが、カピはかなり古くからラオスにあったと思いますね。次に入ってきたのがナムパーじゃないかと。

岡田　その後に、オイスターソース、シーイウ・カーオ（タイ産の醤油）、シーイウ・ダム（タイ産の甘味のある醤油）かなあ。あとはコショウもタイから入ってきたものだね。

小松　ピックタイ（タイのトウガラシ）と呼ぶくらいですからね。

岡田　これらの調味料と前後してペーンヌア（味の素）も日本からもたらされたはずだけど、それによってラオス人の旨味に対する欲望が強まったことは間違いないね。

小松　この本で紹介したレシピでは味の素を用いていませんが、現地では大量に使いますからね。ヴィエンチャンにあるタム料理の専門店でタム・マークフンを頼むと、川エビとかが入っていて具材が豪華なことに加え、味のベースになるパーデーク（20頁）のタレには、味の素を入れた上でさらにうま味調味料のクノールが添加されていて。旨味チューニングの極致というか……。

岡田　さっぱりした鶏のだしが定番だったカオピヤック（134頁）も、ヴィエンチャンでは最近こってりした豚骨スープの店が増えている。ルアンパバーンでサイ・ウア（126頁）のレシピを聞いたときも、味の素を使いたくないと言ったら「クノールを入れろ」と。それも嫌だと言ったら「なら、オイスターソースを入れろ」って（笑）。

小松　北部のルアンナムターでは、タイ製のレッドカレーペーストが入っていました（笑）。

岡田　ラオスの伝統的な味わいが失われそうで、心配になってしまうけど……。

小松　はい。あとは、調味料だけでなく調理法に関しても近隣国の影響が見られます。

岡田　「炒め物」というジャンルだね。

小松　炒めるという調理法は、数ある加熱方法のなかでもっとも高度と言えると思います。非常に強い火力と油をつくる製油技術、炒めるための鍋をつくる製鉄技術が必要ですから。炭火が主流の熱源だったラオスにはもともとなかった調理法です。

岡田　でも最近ではタイ語のパット（炒め物）という言葉がラオスでも使われている。

小松　ラオスにも「炒める」に近いクアという単語はありますが、炒めるというより乾煎りのようなイメージなので、いわゆる炒め物とは違いますもんね。

岡田　そうだね。この本では便宜上「炒め物」というように区分けして、クアを2品紹介したけれど。しかし、そう考えると、「炒める」という新しい調理法がもたらされたから、それに合わせて新しい調味料も入ってきたという可能性もあるのかな。

小松　おおいにありますね。オイスターソースは高温で加熱しないと生臭くなっておいしくないですし。

岡田　たしかに。

小松　今では現地でも、炒め物はラオス料理の一つとして認識されていると思います。

岡田　はっきりした時期や経緯はわからないけれど、このようにタイや中国系の人たちの影響を受け、徐々に現在のラオス料理と呼ばれているものが形成されていったということなんだろうね。

小松　はい。

岡田　あとは、19世紀末～20世紀半ばまでフランス領だった影響がいくつかあるけれど、ラオス料理の体系に変化を与えたというよりは、植民地時代に入ってきたフランス料理のなかでラオス人に受け入れられたものがそのまま根付いて残っているという感じ。たとえばベトナムのバインミー

と同様にフランスからもたらされたバゲットサンドのカオチーパテや、ラオスの結婚式の披露宴などでも出されるトマトベースのシチューであるラグーなど。

小松　そうですね。またその一方で、僕の知っている限りラオス料理は、ラオス北部で暮らすカム族やモン族といった国内の少数民族の影響はほとんど受けていないように思います。

岡田　少数民族がラオス人の大半を占めるラーオ族に影響を受けるということはあるかもしれないけれど、その逆はあまりないね。

小松　カム族と話したことがありますが、カム語とラーオ語（ラオス語）がまったく違っていて驚きました。カム族はラーオ語を話せますが、一般的なラーオ族にはカム語は通用しない。言語にしても食文化に関しても、ラーオ族と少数民族の間には僕たちが思っている以上に違いがあります。

岡田　ルーツが異なるんだよね。だからラオス料理は、あくまでラーオ族の料理と言える。ただ、そういえばこの前 YuLaLa に中国の雲南省に住むシャン族の方がいらっしゃったけど、彼らの料理は伝統的なラオス料理に似ているみたい。

小松　僕もミャンマーからお客さんが来店したときに、ラオスのカオソーイ（138頁）はミャンマーのシャン州の伝統的な麺料理、シャンカウスエに似ていると言われました。

岡田　ラオス、ミャンマー北東部、中国の雲南あたりの食文化は、ひょっとしたら同じルーツなのかもしれないね。

パーデークは、ラオス人の魂

岡田　それにしても、近隣諸国から異なる食文化や使い勝手のいい調味料が入ってきても、パーデークはなくならない。取って代えられないという認識なのかな。ラオス人のお客さんに YuLaLa のパーデークは自家製だよって言うとベタ褒めしてもらえる（笑）。

小松　僕もそうです。「お前、つくってるのか！」って感じで（笑）。でも、この前南部のパクセーに行ったらパーデークのほかに魚を塩漬けにしたパーケムがたくさん売っていました。魚が塩吹いていて、相当塩辛いのですが、何に使うのかな。ソムパー（26頁）よりもよく見かけました。

岡田　ベトナム産かな？

小松　産地はわからないんですけど、メコン川の魚でつくっていましたね。一方で、北部のルアンナムターにはパーデーク屋は1軒もなくて、トゥアナオ（21頁）屋は10軒くらいあったかな。

岡田　同じ発酵食でも、北はトゥアナオ文化圏だよね。やっぱり地域によって違うんだなあ。もともと1700〜1800年代にはヴィエンチャン、ルアンパバーン、チャンパーサックという三つの王国が並立していたわけだし。

小松　そうですね。大きな違いで言うと、基本的に「魚」は南の文化ですね。パクセーのさらに南に、ラーオ語で「4000の島」を意味するシーパン・ドンと言われる地域があって。主たる魚はこの辺で獲られて、パクセーやサワンナケート、ターケーク、ヴィエンチャンなどに運ばれます。

岡田　一方で北部のルアンナムターの東にあるシエンクワーンになると、川もないし、森もない。ただただ風が強くて寒い。ここには小鳥を米糠と塩で発酵させる、小鳥のパーデークのようなものがあるみたい。

小松　僕が調査していたサワンナケートには、カエルのパーデーク、カニのパー

デークなんかもありますよ。

岡田　やっぱりパーデークはラオス独自のものなんだよね。

小松　カンボジアの発酵調味料のプラホックとも全然違いますし。

岡田　パーデークと違って、プラホックには米糠は入れないからね。でも、カンボジアに住むラーオ族がカンボジアでパーデークをつくっていたら、カンボジア人が「そっちのほうがおいしい」とプラホックの代わりにパーデークをつくるようになったという話もあった。

小松　あと、ベトナムにもマムカーという発酵調味料がありますが、僕が食べたものは砂糖が入っていたのか甘かった。タイにもプラーラーというパーデークに似たものはありますね。

岡田　プラーラーには米糠ではなくて米粉を入れているのかな。いずれにしても18世紀後半〜19世紀、かつてのタイであるシャムに占領された時代に、ラオス人はタイのイーサーンに連れて行かれ、そこでパーデークをつくっていたはずなので、近いものがあっても不思議ではない。これは僕の推測だけど、イーサーンの人たちはより洗練されたパーデークをつくろうとして、米糠の代わりに米粉を入れたのかなとも思う。

小松　たしかに米粉の方が上等ですし、色合いもきれいに仕上がりますね。でも、パーデークができ上がる仕組みは非常に複雑なんですよね。ラオス贔屓だから言うわけではないですが、ラオス近隣の国の発酵食品のなかでも図抜けて精緻につくられた世界に誇れる発酵食品だと僕は思っています。

岡田　ラオスの気候と風土、それにラオス人の知恵と経験が生んだものなんだろうね。

ラオスは周回遅れで先頭を走っている

小松　風土と言えば、アジアモンスーン、メコン川、米。この三つがラオス料理を支える環境的な要素だと僕は考えています。アジアモンスーンの影響による季節変動で雨季と乾季があるので、メコン川で魚が極端に獲れるときと極端に獲れないときがある。だから獲れすぎた魚をパーデークのように発酵させて保存するんです。

岡田　そうだね。

小松　そして、米糠や米粉、あるいは米そのものが発酵食品を仕込む際に使われます。それによって、パーデークを始めとするラオスならではの発酵食品や調味料ができる。ひいては、それらがラオス料理の味の骨格を形成しているというわけです。

岡田　自然環境からラオス料理を考察するとそういうことになるね。加えてラオスが社会主義国であるために1990年代までほかの国や地域からの情報や物流が制限されていたことで、パーデークを始めとする独自の食文化や山河の恵みを活かした自給自足的な生活スタイルが、今もしっかりと残されているのだと思う。

小松　その通りですね。

岡田　そのスタイルをもって「ラオスは周回遅れで先頭を走っている」と日本のラオス関係者界隈では言われている。まあ、ラオス人は先頭を走っていることに気づいてないけどね（笑）。

小松　スローフードやサスティナブルな食といった世界のトレンドを、まさに実践しているわけですからね。食料自給率も高いですし。

岡田　たしかに、土地が痩せていて主食の米でさえ自給がままならず、かといって現金収入源もなくて苦しい生活を余儀なくされている地域もあるけれど、ラオス全土で見るとそうだね。食材は森と川から採れるし、あとは米さえあれば生きていけるという安心感が根底にある気がする。

小松　中南部のサワンナケートの漁師さんの家に行ったら、漁師さんは川岸を歩きながら半分野生化しているトウガラシやパパイヤを摘んで、家に着いたらそれをたたきつぶしてチェーオ（36頁）やタム（64頁）にしていました。自分で獲った小さな魚は塩焼きにして食べて。

岡田　北部の焼畑農業を営んでいるような村へ行くと、畑に仕掛けた罠で獲ったネズミやパチンコで仕留めたリスを干し肉にしているし、畑には米以外にキュウリやカボチャ、トウガラシなんかを混作していて、農作業の合間に収穫して毎日の食事に使っている。その場所ごとに効率よく自給自足できる仕組みができ上がっているんだよね。

小松　それにラオス人はなんでも自家製するので、タイではよく見かける、たとえば「グリーンカレーの素」みたいな料理の味付け用の既製品が極端に少ない。そのおかげで伝統的な食文化が守られています。

岡田　炙ったトウガラシや香味野菜などをすりこぎでたたきつぶし和えるタムという行為を、今でも誰も面倒くさがらない。機械や既製品に頼らず、みんな息をするように何かのついでにトントンとたたいている。さっき話したようにラオス人の味覚が変化していくのは心配だけど、たとえばチェーオなんかは調理法も変わらずに、これからも残っていくんじゃないかな。

小松　同感です。食事のたびにトントンっていう音がどこの家でも聞こえていてほしいですね。

岡田　最近ではラオス人のなかでも、若い世代にはオーガニック嗜好のようなものが芽生えてきているみたい。自分たちの文化が世界的に見て貴重なものだと、ラオス人に早く気づいてほしいな。

小松　はい。それまで自然環境が持つといいのですが。魚が一番獲れる南部では、最近ダムができて村が一つ沈みました。メコンカワイルカはラオスでは絶滅。北部では森林が切り拓かれて、ゴムやバナナ、キャッサバの畑だらけ。山がどんどん禿げてしまっています。

岡田　いろいろと入ってくるモノや情報に影響を受けて、ラオスの人や環境が能動的にも受動的にも変化していく部分があるのは当然だけど、今ラオスにある豊かな自然とそれに寄り添った生活スタイルや、知恵と知識を残し、伝え、活かしていく方向に進んでいってほしいなあって思うね。

小松　心からそう思います。

岡田尚也（YuLaLa）
（おかだひさや）

大学院時代の1999年、焼畑農業の研究のため初めてラオスを訪れる。ラオスの自然とそこで暮らす人々に魅了され移住を決意。2004年首都ヴィエンチャンで地元食材を取り入れた創作料理店を開業し、夫婦で10年間営む。その間にラオス全土を精力的に巡り各地の料理や食文化を学ぶ。2015年に帰国し京都にラオス料理店「YuLaLa」を開業。現地の家庭料理をベースに、旬の食材を織り交ぜながら、ラオス料理の素朴さと滋味深さの表現に心を砕く。

小松聖児（小松亭タマサート）
（こまつせいじ）

大学院でラオスの水産資源流通を研究し、現地で主に「雑魚の利用」に焦点を当てたフィールドワークを行う。修了後は水産卸売会社に勤務。そのころからラオス料理を独学し、「小松亭タマサート」という屋号でラオス料理をマルシェで販売するようになる。ラオス現地にも通うなか、2023年に会社を退職し、現在は京都を拠点にラオス料理のポップアップレストランを出店。琵琶湖の淡水魚などを用いてラオスの食材利用の多様性を伝える。

ラオス料理を知る、つくる
（りょうり）（し）

2024年3月25日　初版第1刷発行

著　者　　岡田尚也、小松聖児
発行者　　西川正伸
発行所　　株式会社グラフィック社
　　　　　〒102-0073
　　　　　東京都千代田区九段北 1-14-17
　　　　　Tel. 03-3263-4318（代表）　03-3263-4579（編集）
　　　　　Fax. 03-3263-5297
　　　　　https://www.graphicsha.co.jp
印刷・製本　図書印刷株式会社

定価はカバーに表示してあります。
乱丁・落丁本は、小社業務部宛にお送りください。小社送料負担にてお取り替え致します。
著作権法上、本書掲載の写真・図・文の無断転載・借用・複製は禁じられています。
本書のコピー、スキャン、デジタル化等の無断複製は著作権法上の例外を除き禁じられています。本書を代行業者等の第三者に依頼してスキャンやデジタル化することは、たとえ個人や家庭内での利用であっても著作権法上認められておりません。

©Hisaya Okada, Seiji Komatsu 2024　Printed in Japan
ISBN978-4-7661-3859-7